KB233469

비전을 품은 사람들

The Man who has Vision for God

글 / 박은영

하늘사다리

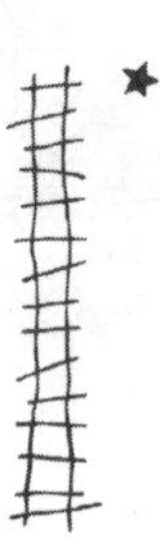

하늘사다리는 이 땅에 하나님 나라의
확장을 위해 존재하며 천국의 소망을
이어주는 가교의 역할을 하고자
합니다. 사역의 비젼은 예수문화를
중심으로 하는 출판, 광고, 디자인,
문구팬시, 음악, 이벤트, 유통 등으로
이를 아바 커뮤니케이션
(ABBA COMMUNICATION)으로
통칭하여 펼치고자 합니다.
주님 오실 그날까지 하늘사다리는
주님을 외칠 것입니다

비전을 품은 사람들

차 례

차 례

서 문

　전철 안, 두 손을 모으고 컴컴한 차창밖에 나름대로의 글귀를 떠올린다. 이 전철이 멈추고 또 한 사람의 타인을 만났을 때 어떻게 어떤 식으로 타인의 생경한 삶을 이끌어 내나….

　또 한 주의 시작.

　새로운 이를 만나러 떠날 때마다 항상 긴장과 조급함이 주위를 맴돈다. 그래도 일대일의 만남이 소중하고 감사한 건, 홀로 귀한 분의 간증을 아무런 방해 없이 들었다는 것이다.

　치열한 삶, 그리고 또 하나 반드시 떨구어 내야 할 크리스천의 삶이 이토록 이렇게 아름다울 수 있을까. 연신 고개가 끄덕여진다. 손에 쥔 펜에 힘이 들어간다. 잘 살아야지, 열심히 살아야지. 머릿속에 제 혼자의 공상을 마구 휘저어 본다.

　힘들 때가 있다. 좋은 만남, 좋은 사람을 찾아내는 것이. 그것이 일이 되어 버렸다. '사람을 찾습니다' 그렇다. 좋은 크리스천을 찾아 그네들의 삶을 최대한의 실제와 맞닥뜨리게 만드는 일. 하면 할수록 자신이 없어질 때가 있다. 타인의 삶에 비추어 더욱더 작아지는 자신을 발견할 때 '나는 아직 멀었구나, 나는 이제껏 무엇을 하며 살았나'라는 소리 없는 채찍이 가해진다. 더 열심히 힘있게 살아야 한다. 작은 희망 하나를 또 마음에 새겨

넣는다.

아직 세상에 희망이 있는 건 낱알 낱알 알알이 맺혀 열매를 반드시 맺게 하는 세상 속의 크리스천이 있기 때문이다.

각 분야에서 남 모르게 구슬땀을 흘리는, 그래서 삶의 최고의 하나님, 그분을 전하기 위해 무던히도 애쓰는 사람들.

장대비가 내리다 잠시 쉼을 청하는 하늘.
그리고 그 사이를 위해 예비해 둔 햇살.
무수한 사람들 속에 예비해 둔 자들의 행보.
하나님은 그들을 통해 끈질긴 생명력과 사랑을 세상에 보여 주는 것이리라. 무수한 낱말보다 오히려 눈물 한 방울로 대신해야만 하는 무언의 경이로움. 그걸 표현한다고 했는데···, 감히 대신해서. 그런데 때론 생각하고 달리 어줍잖게 흘러가는 글이 답답하다.

구슬땀이 더 값지게 느껴지는 손길. 바빠지는 손길을 멈추고, 언어로 토해 내는 작업을 위해 시간을 내준 넉넉한 마음들에 감사한다. 한 것이 없다며 결코 나타내기를 마다하는 마음들을 굳이 세상 속으로 끌어냈는데 누가 되지는 않았는지. 다시 한 번 이 자리를 빌어서 감사하다고, 고맙다고 인사하고 싶다.

한 주 한 주의 글이 이렇게 다발로 묶여질 줄은 몰랐다. 알았더라면 그 순간에 더 최선을 다했을텐데 라는 아쉬움이 남는다. 한 권의 책이 되기까지 얼마나 많은 수고가 보태어질지를 알기에 감사한다.

편한 글이 되고 싶다. 조금이나마 안식의 글이 될 수 있다면

비전을 품은 사람들

그것보다 더 큰 영광은 없을 것이다. 아직은 부족하고 그래서 더 많은 훈련을 쌓아야 할 나에게 주어진 순간을 부족하지만 시작한다.

파닥거리는 강가의 힘찬 물고기처럼, 세상 속에 온 힘을 다해 파닥거리며 정진(正眞)하며 사는 크리스천을 만나러 다시 도시를 헤맨다. 오히려 힘을 얻고 돌아서는 매순간의 걸음. 그 걸음에 힘이 들어 간다. 그리고 하늘을 향해 미소를 보낸다. 같이 어우러 질 수 있는 동무가 많아서 너무 좋다고.

세상은 아직 여분이 남아 있어,
다시 시작을 할 수 있는 공간이 있어 아름다운 것 같다.
그렇게 끝을 맺는다.
'네 시작은 미약하였으나 네 끝은 창대하리라'는 그 시작을 부여잡고.

1997. 1월의 겨울. 박은영

미래를 위해 꿈꾸는 이들이 있다면

책을 만든다는 것은 많은 독자들에게 읽혀지기를 바라고 그 책을 읽어 본 독자들이 감동을 받고 문화적 혜택을 주기 위해서이다. 그런 면에서 이 책은 더욱 소중하다고 하겠다.

이 책은 위인전이 아니다. 그렇다고 간증집은 더더욱 아니다. 우리 곁에 있는 이웃들의 삶을 적은 글이다. 그런데 그 이웃들의 삶이 하나님을 알고 그 사랑에 겨워 하나님을 위한 꿈을 꾸며 그 비전을 이루기 위해 밤낮으로 애쓰는 모습이었던 것이다.

참으로 여러 모양으로 하나님을 위해 헌신하는 작은 자의 모습들이 우리에게 큰 감동을 준다.

미래를 위해 꿈꾸는 사람들이 있다면 너무 욕심만 부리지 말고 여기에 실린 이들의 삶을 살펴보기 바란다.

나도 하나님을 위해 무언가를 한 번은 해야하지 않겠는가!

이 글을 주신 박은영 님의 문체는 감성이 짙게 깔린 시어적인 표현과 절제된 마감으로 우리가 많이 생각할 수 있는 공간을 주고 있다. 묵상하고 사색하며 하나님께서 당신을 향한 계획이 어떤 것인지 가늠해 보기 바란다.

1997. 1. 발행인 정지홍

한정수 장호준 오풍원 도은미 맹명관 정지홍 장창규 유지연 김종철 이은수 이재왕 김명식

'사랑깊은 약속'이 주는 쉼과 사랑

그 안에 예수의 사고를 닮으려는 한정수 간사

　퇴근길. 전철 안의 풍경은 그야말로 피로와 삶에 지친 이들의 군집소 같다. 하루의 일상을 견디어 내었지만, 내일이 썩 기다려지기보다는 이대로 이렇게 안주해 버리고 싶은 생각이 더 간절한 사람들의 발걸음. 삶의 무게에 짓눌려 쉼없이 살아가는 오늘의 현대인들. 그들이 진정으로 원하는 것은 쉼, 휴식이 아닐는지….

　제 3의 압구정동으로 불리우는 화양리는 밤만 되면 젊은이의 물결로 출렁인다. 나름대로 휴식을 찾는 방법에 따라 입맛이 당기는 곳에 발길이 머문다. 그러나 진정으로 크리스천의 입맛에 맞는 곳을 찾기란 현실적으로 힘들다.

　90년 초 이런 곳에 '기쁨의집'이라는 조그마한 매장이 화양 사거리에 등장했다. 주로 팬시용품을 중심으로 엽서, 테이프, 액자가 주종을 이루어 지나가는 이들의 눈길을 끌었다. 기쁨이 생길 것 같아 잠시 들렀던 이곳은 마르지 않는 영원의 기쁨을 선사하기까지 했다.

　"기쁨의집은 기업의 모체입니다. 이 안에는 기쁨찬양팀, 디자인팀, 편집부, 신문사까지 갖추고 있는 작지만 큰 기업입니다.

간혹 '기쁨의집' 매장이 사무실인줄 알고 찾아오시는 분도 있습니다."

기쁨찬양팀을 이끌고 있는 한정수(30) 간사는 이렇게 기쁨의집을 소개했다. 아직은 크리스천이 쉴 곳이 있음을 알리기 위해서.

■ 아직은 쉴 곳이 있다

그래서 찾아간 '사랑 깊은 약속' 이라는 카페는 한 간사가 무엇을 보여주고 말하려 하는지 금방 알 수 있었다. 다윗의 시편 23편으로만 구성된 12곡의 신작 가스펠 앨범이 잔잔히 흐르고 있고, 따사로운 한 줄기

기쁨의 집 탄생 6년. 성장과 아픔과 고생을 고스란히 안고 기쁨으로 승화시키는 한정수 간사

햇살이 비쳐 오는 사랑의 공간 안에는 쉼이 있고 안식이 있었다. '왜 진작 발견하지 못했을까'라는 아쉬움이 먼저 찾아 드는 곳. '사랑깊은 약속' 역시 기쁨의집(총무·이성국)이 추구하고 창조하려는 쉼과 문화의 공간이다.

드러내놓지 않고 저변 확대를 시도하는 기쁨의집의 충만한 저력은 한솥밥을 먹고사는 40여명의 식구에게서 시작된다. 그

중의 유독 이 사람 한 간사를 주목하려 한다. 음악팀의 대들보라고 불리어도 될 만큼 그의 숨은 기획들은 속속 세상을 놀래키고 있다. 굳이 자신의 음악적 실력을 과감히 깎아 내려고 하지만, 얼마전 발표한 '시편 23편 푸른 초장 쉴만한 물가'를 들어본 사람이라면 '누구지?'라며 그 목소리에 귀를 기울일 것이다.

기쁨찬양팀의 싱어를 맡고 있는 한 간사는 음악과 전혀 무관한 공부를 했다. 전공은 화학. 화학을 선택할 때부터 미래의 모습은 교수가 되는 거였다. 대학을 졸업하고 대학원 진학까지 무리 없이 준비했던 한 간사가 취미생활 정도로만 여겼던 음악에 이렇게 빠져 사는 이유는 부름에 대한 응답이었다.

"언젠가는 부르실 거라면 맞기전(?)에 돌아와야 한다고 생각했습니다. 마지막까지 부인하지 않았던 건 아닙니다. 아닐지도 모른다는 생각도 했으니까요. 그런데 깊이 자리잡혀 있었던가 봅니다. 사역의 부름은 아주 특별한 것 같아요. 선택할 때를 주시더니, 주저 없는 선택을 하게 하시더군요."

'기쁨의집'이 세상에게 주려는 것은 아주 간단하다. 쉼과 누림과 사랑이다. 지난 94년 9월, 환락가 한 가운데 등대가 되고 싶어 문을 연 '사랑깊은 약속'은 찬양과 나눔 그리고 쉼이 있는 '가스펠 하우스'이다. 크리스천의 풍성한 나눔의 꺼리를 준비하고, 작은 쉼터가 되기 위해 조그마하게 자리를 잡았지만, 아직까지도 일반인들에게는 낯선 곳이다. 그래서 수입이 없는 문화공간이기도 하다며 웃는 웃음.

매주 화요일 저녁 7시, 어김없이 찬양팀의 콘서트가 준비되

'사랑깊은 약속'이 주는 쉼과 사랑

어 있다. '세상살이에 지친 어느 누구라도 환영'이라는 한 간사
는 이곳은 언제나 열린 곳이라며 많은 이의 발걸음을 부탁한다.
  '기쁨의집'이 생긴 이래로 매년 음반 작업은 이루어지고 있
다. 다음 앨범을 미리 기획하고 구상중이라는 한 간사의 음악
사랑이 얼마나 간절한지를 알 수 있는 것이기도 하다. 한 발
앞서 계획한 다음 앨범의 테마는 사랑깊은 약속에서 따온 '사
랑'이다.

■ 고정관념의 탈피와 강조

  "기쁨의집 식구들은 서로의 재능을 아낌없이 끌어내 줍니다.
시간적으로나 장소적으로 같이 하는 시간이 많아 서로를 속속
들이 알고 있지요. 그렇다고 신앙의 획일화를 꾀하지는 않습니
다. 다양함 속에 하나를 이끌어 내는 과정은 절대적으로 창조
적이어야 하니까요."
  많은 형제와 자매를 만나게 된 것을 제일 큰 보물로 알고 있
는 한 간사. 서로가 나눌 수 있고, 나눠 줄 수 있다는 것에 감사
하다는 그 말이 우리 오늘의 크리스천을 돌아보게 만든다.
  가스펠의 변화. 대중을 끌어들일 수 있는, 그리고 함께 할 수
있는 음악이 되어야 한다는 생각을 내비친다. 조그마한 변화에
도 교회의 반응은 예사롭지 않다. 그런데 정작 이 변화를 앞당
기고 받아들여야 할 교회가 빗장을 걸고 있어 그것이 무척 안
타깝다는 토로. 그러나 해야 한다며 불끈 쥐어 보는 주먹.
  아내와 함께 같은 사역의 길을 걷고 있는 한 간사의 어깨 위
에 내리비치는 햇살이 유독 따·사·롭·다.

비전을 품은 사람들

택한 자의 지팡이에 돋아나는 '싹'

'싹난 지팡이' 프로덕션 장호준 씨

"내가 택한 자의 지팡이에는 싹이 나리니…" (민 17:5)

이미 죽어 바짝 말라 버린 나뭇가지에 생명, 싹과 열매가 맺었다. 싹난 지팡이는 하나님의 선택에 확실한 증거이다. '선택된 자'라는 거창한 수식어를 붙여도 될 만큼, 그렇게 주님을 예배하는 일을 그 업으로 삼은 사람. 이 땅에 무수한 찬양 사역자들은 분명 하나님

자켓디자인, 엔지니어링과 프로듀싱을 반년에 걸쳐 혼자 진행한 '삶'이기에 더 값있게 다가온다

의 택함을 입은 자들이다. 스스로들은 그렇게 말한다. '아무 소망 없는 나무토막에 불과한 우리에게 불어넣어 주시는 그 생명을 나누고 싶다'고.

'싹난 지팡이', 그 지팡이를 장호준(31·은평선교교회)씨는 사랑한다. 사랑이라는 차원을 넘어 그이는 전문적인 찬양사역을

위한 자신의 프로덕션 이름을 싹난 지팡이로 칭하고 있다. 바짝 말라 버린 나뭇가지에 생명의 열매가 맺히듯 그렇게 생명이 나누어지길 바란다는 의미에서.

■ 말라 버린 나뭇가지에 돋아난 싹-생명

장호준, 그의 명성을 알기 위해서는 찬양사역자들의 앨범을 보아야 한다. 작사, 작곡, 편곡, 엔지니어 등이 깨알같이 적힌 앨범의 뒷이야기를 보면 장호준이라는 이름은 어디든 빠짐없이 그 자리를 메우고 있다. 앞에서 드러난 찬양사역자 그 뒤에서 동역하는 사람. 하나의 앨범이 나오기까지 그의 손을 거쳐 간 앨범은 가스펠 음반시장에 나와 있는것의 대부분이라 해도 손색이 없다.

노래만 안 불렀다. 하지만 무엇보다 중요한 그 '뒤의 일'은 누구 못지 않게 해낼 수 있다. 음반 제작에서부터 악기를 다루고 녹음, 편집하는 모든 작업을. 악기도 하나만 다루는 것이 아니다. 드럼, 건반, 베이스 기타 등 어느 악기를 손에 잡더라도 자유자재로 연주할 수 있다.

10년이라는 훈련의 기간이 이렇게 만들었다. 아주 낮은 자리에서부터 쌓아 온 실력 덕분에 이젠 어느 누구도 넘볼 수 없는 자리에 서게 되었다. 동역은 서로 다른 달란트를 가져야만 가능하다는 말. 그이의 생각을 통해 비로소 이해한다. 보여지지 않는다고 너도 나도 노래만 부르려 한다면 진정한 찬양사역의 동역은 있을 수 없다는 이야기일 게다.

비전을 품은 사람들

찬양사역에 대한 체계적인 전문화 훈련이 아직은 잡히지 않은 것에 대한 안타까움. '싹난 지팡이'라는 개인 작업실에 앉아 골몰한다. 앨범을 내는 작업 속에 더 많이 고민하고 아파해야 하는 자리에 서 있기에.

타인들보다 조금 빨랐던 출발 덕분이라고 자신의 명성을 조용히 덮어두려는 겸손함을 흔들어 본다. 교회에서 떠날 줄 몰랐던 어린 시절이 떠오른다. 교회 마당에서 친구들과 뛰놀던 어린 시절 그때부터 교회는 마음의 터전이 되어 버렸다. 성가대를 지휘하고, 부흥회가 있을땐 어린나이에도 불구하고 통성으로 열심히 기도했다. 교회 발표회가 있으면 빠질수 없는 인물로 떠올랐다. 그런 어린아이가 20세의 청년이 되었다.

음악에 대한 감각은 취미로 고등학교때 그룹사운드를 한 경험이 든든한 발판이 되었다. 그러다 최덕신 집사를 만났다. 그때만 해도 그이는 복음성가는 그냥 따라 부르기만 하면 되는 타인의 음악으로 이해했다.

주찬양선교단에 입단한 것은 그즈음. 악기 다룰 사람을 기다렸던 주찬양은 임자를 만났다. 그런데 한가지 알아두어야 할 건 그이는 결코 이 길로 들어설 심사는 아니었다. 고등학교부터 갈고 닦은 컴퓨터 실력은 대학으로까지 이어졌고, 심지어 전공 시험을 3분 안에 끝낼 만큼(?) 전공에 탁월한 실력을 나타냈다. 개인의 계획대로였다면 전공을 살려 연구원으로 더 두각을 나타내었을지 모를 일이다.

"자연스럽게 하나님의 계획 가운데 이루어진 것 같습니다. 하나님께서 저의 갈 길을 이미 오래 전부터 예비해 놓으신 자리

택한 자의 지팡이에 돋아나는 '싹'

에 제가 지금 걸어갈 뿐이지요.”

벗어날 생각은 없었다. 이 길이 하나님이 예비해 놓으신 길이라면.

■ 타인보다 빠른 10년, 그리고 긴 훈련

얼마전 10년만에 처음으로 자신의 이름을 타이틀로 앨범을 냈다. 물론 노래는 부르지 않았다. 객원 싱어 10여명이 그의 곡에 동참했다. 싹난 지팡이 작업실에서 90퍼센트의 작업이 이루어졌다. 주제는 ‘삶’이다. ‘찬송가, 성가, 성가로 찬미하다’라는 PSLAM과 발음이 우연히도 일치한다. ‘삶을 통한 찬양’이 되어야 한다는 의미이다.

「음향시스템 핸드북(예영커뮤니케이션 刊)」 저자이기도 하다. 음향시스템 운용자를 위한 실무 지침서를 냈다. 지금은 또 교역자와 찬양사역을 위한 조그만 책자를 위한 작업중에 있다.

“각 개인의 삶을 찬양(psalm)으로 받으실 주님께 영광을 돌립니다. 이제까지 써 왔던 곡들을 제 이름으로 내보는 작업도 필요하다고 느꼈지요. 제가 해야 될 일들은 값없이 주신 달란트를 갈고 닦는 길이라고 생각합니다.”

조명이나 음향 등 완벽한 가스펠 공연을 위해, 필요한 세부적인 분야에 더 많은 전문가가 나와야 한다. 악기만을 전문적으로 설치하는 사람도 나와야 한다. 공연만을, 음반만을 전문적으로 기획하는 사람도 나와야 한다. 그이가 염려하고 노력하는

비전을 품은 사람들

부분들이다.

"찬양사역이라는 것. 노래만이 아니라, 자기만의 관리와 자기만의 사역 분야가 있어야 한다고 봅니다."

좋은 공구는 작업한 뒤 공구통 안에 잘 보관했다가 다시 쓴다는 말을 남긴다. 좋은 망치, 자기만의 노하우를 꾸준히 개발하라는 그 평범한 진리를 알려주고 싶은 것이다.

교회의 설탕이 아니라 세상의 소금

조코재미 프로덕션 오풍원 대표

무디과학원에서 제작한 20분 짜리 단막 자연 다큐멘터리 영화, '꿀벌의 도시'는 평생 오풍원(37·사랑의교회) 씨를 따라다니는 그림자 같은 존재이다. 지금의 청사진을 제시한 영화. 꼭 꼬집어 이야기하자면, 영화의 말미에 자막으로 올려진 "태초에 하나님이 천지를 창조하시니라"(창 1:1)에 아련한 감동과 작은 떨림. 이 작은 감동과 떨림으로 인해 (주)조코재미 프로덕션이 세워지게 된다.

좋은 기독영상물을 제작해서 세상 사람들에게 확실히, 어떤 것이 좋고 그른 것인가를 보여주려는 모임, 썩 괜찮은 프로덕션 하나를 세워 보자는 뜻이 모여 조코재미는 세워졌다는데….

"잘못된 영상문화는 과감히 비판하고, 거기에 대응하는 가치 있는 작품을 제시하는 겁니다. 물론 직접 제작하는 것이지요. 저희 조코재미를 통해 사람들이 쉼을 얻고 기쁨을 누리길 바랍니다."

'좋고 재미있는 비디오' 여기에 조코재미의 상호가 들어 있다. 재미있으면서도 깊이가 있는 작품을 만들겠다는 의지가 그대로 표현된 것인데, 두 가지를 다 소화해 내야지만 영상물은 제

비전을 품은 사람들

값을 한 것이 된다고. 그이는 이걸 말하고 싶어한다.

"청소년들에게 나쁜 것을 보지 말라고 만류만 할 것이 아니라, 좋은 영상물을 제시해 놓은 뒤에라야 그 만류에는 효력이 발생하는 것이지요."

■ 괜찮은 프로덕션 조코재미

꼭 꼬집어 기독영상물로만 밀어붙일 생각은 없다. 그 대상은 교회를 넘어 바로 세상이다.

"교회의 설탕이 아니라 세상의 소금이 되는 작품을 만들어야 합니다. 복음이라는 최고의 상품을 값싼 포장지에 둘둘 말아서 대충 던져 줄 수는 없지요. 최고의 상품에 걸맞는 멋진 포장지를 연구해야 합니다. 기독영상물만으로 교회 안에서만 영향력을 끼치고 싶지는 않습니다. 당당히 일반 지상파 방송과 시내 유명 개봉관에

'썩 괜찮은 프로덕션 하나 세워봅시다'라는 캐치 프레이즈 아래 무언가 만드는 광고모델의 표정이 재미있다

교회의 설탕이 아니라 세상의 소금

서도 머지 않아 조코재미의 영상물이 전파를 탈 것입니다."

　그래서 사람을 키우고 싶다.
　'크리스천 영상아카데미 조코재미 영상워크숍'이 96년 9월23
일부터 매주 월요일 10주간을 일정으로 교육에 들어갔다. 카메
라, 조명, 연출, 글쓰는 일 등의 구체적인 실무를 통해 실력자를
키워 낸다는 것. 호응, 어떻게 알았는지 정원 15명을 넘겨야 할
실정이다. 1기생이 수료를 하면 곧바로 2기생을 모집한다.
　아직은 비록 서툴고 작아도 그이의 노하우는 도무지 끝이 보
이지 않는다. 기독 영상물에 관한한 할 말이 무지 많다는 그이.
몇 가지 기독영상물을 손쉽고 유익하게 제작할 수 있는 사례를
제시한다. 수련회 답사는 단순히 카메라만을 들고가서 찍지말
고, 비디오를 가져가자는 것. 학생들 중에 리포터를 정해서 사
용할 곳곳을 세밀히 소개하고 멘트 또한 구성해보자는 것. 단
순히 정지된 사진만을 보여주는 것보다 훨씬 몇배의 참여와 기
대를 불러 일으킬 수 있다는 것이다. 영상매체 시대의 걸맞게
교회소개도 비디오로 해보자는 제안. 새삼 신선하게 다가갈 수
있다고 본다.

■ 대상은 교회를 넘어 바로 세상

　아이디어는 무궁무진하다.
　그이는 손을 내민다. 같이 동참하자는 뜻이다. 안타까움이 있
다면 그런 재능을 발굴할 줄도 발굴하려고도 하지 않는 안일한
기독문화에 대한 한탄. 얼마전 대예배 시간에 13분 짜리 주제

비전을 품은 사람들

제기 비디오를 상영했다. 결론은 관객이 내릴 수 있도록 공백을 남거두었다. 역사적인 순간이었다. 그것도 대예배 시간에 본당이라는 공간에서. 이런 현상은 의외라는 놀라움보다 자연스러움으로 다가가야 한나는 열변. 깨어있는 교회가 많아야 한다는 이야기.

고개가 끄덕여진다. '그래야 하는데'라는 동의가 물밀 듯이 올라온다. 그이는 이런 노하우의 보유를 위해 스스로를 개발하고 단련했다. 서른이 넘어 본격적으로 뛰어들었다. 일반입시학원에서 영어를 가르치던 그. 일상의 단조로움을 접고 한국영상연구소에서 TV연출과정을 수료하고 뉴욕으로 건너간다. 그곳에서 TV연출에 대한 연수와 시카고에서는 신문방송학 석사학위를 받았다.

3년반 동안의 타향살이. 뭔가 이 한국 땅에 변화를 일으키고자 작게 시작한 조코재미가 어느덧 1년이 넘었다. 장단기 계획안에는 영화 제작은 물론 영화 산업의 진출의 경로가 2001년까지 자세하게 제시되어 있다. 처음 시작은 많은 인원이 모여 큰 뜻을 펼쳐 보려고 했다. 그러나 결국에는 혼자 남더라는 이야기. 열의만 있다고 이루어지는 일이 아님을 익히 알아 온 터이다. 주주참여제(JJ문화회원)를 도입, 어려움을 같이 나누자며 동참을 유도한다. 좋고 재미있는 일 한 번 해보자는데 덥석 잡아 주는 손들이 조금은 인색한 실정이다.

영상아카데미 워크숍을 통해 또다른 조코재미가 설립된다면 무엇보다 큰 영광이요 보람이다. 경쟁력을 발판으로 더 나은 영상물들이 쏟아질 테니까.

크리스마스 기획 특집 단편영화 제작 구상에 돌입했다. 교회

교회의 설탕이 아니라 세상의 소금

안과 교회 밖까지도 모두 포용할 수 있는 단편영화. 당분간은
단편영화 제작에 주력할 계획이라고.

'미꾸라지 한 마리가 흙탕물을 만든다(?)'
 세상은 그가 뿌려 놓은 한 줌의 소금으로 생명을 찾고 있다.
그의 손안에는 이미 크리스마스 선물이 들려 있다.

"댁의 가정은 건강합니까?"

두란노 어린이 연구원 **도은미** 사모

두란노 어린이 연구위원의 도은미(37·온누리교회) 사모는 저녁 시간이 무척 바쁘다. 남편을 위해 저녁상을 차리는 것도 아니고 아이들과 저녁 산책을 하는 것도 아니다. 오늘의 강의를 다시 한번 점검하고 강의 노트를 챙겨 들고 서둘러 나서는 곳은 압구정 두란노 문화센터. 저녁 7시부터 그의 강의는 시작된다. 그리고 10시, 3시간의 명강의가 끝을 맺는다.

두란노 어린이 연구원이 지난해 6월 창설됨과 동시에 그이는 실장이라는 중책을 맡았다. 16년간의 브라질 이민 생활을 잠시 마감하고 귀국하는 계기가 된 셈이다. 1년이라는 시간 동안 참 많은 강의를 했다. 1백 가지를 하자면 할 수 있을 정도로 어린이 사역에 대한 그의 노하우는 타의 추종을 불허한다. 따라갈 사람이 정말 있을까 할 정도로 대단한 실력가이다. 그이가 이렇게 저녁 시간을 가족에게 허락 받을 수 있는 상황은 가족의 전폭적인 지원 공세로 이루어졌다. 그것이 없었다면 힘들었을 일이다. 목사인 남편(황은철·온누리교회 부목사)의 지지, 딸과 아들의 도움. 그이가 가정사역에 매달릴 수 있게 해준 고마운 동지들이다.

태아교육 세미나, 아버지 학교, 대화 학교, 6단계 아동심리

이해, 부모교육 세미나 등 총 일곱 가지의 강의를 이끌고 있다. 강의 내용도 아무 곳에서나 들을 수 없는 양질의 메뉴를 제공한다.

■ '자녀와 함께 성장하세요'

"어린이 연구원은 어른 중심의 목회 현장인 한국교회에서 어린이를 이해하고 그들이 중심이 될 수 있도록 돕는 기관입니다. 부모와 자녀와의 관계를 돕고 어린이의 세계와 심리를 이해하고 계발시킬 수 있는 도움의 장이지요. 어린이에 관한 모든 것을 연구하는 전문 기관이라고 할까요."

역사는 1년. 아직은 더 고민하고 연구해야 할 것이 많음을 안다. 하루의 2, 3시간 수면, 나머지 시간은 몽땅 연구에 투자된다.

15살에 브라질로 온 가족이 이민을 갔다. 한창 예민하다는 사춘기. 부모님의 뜻을 따라 터전을 옮긴 브라질은 낯설었다. 일단은 말이 통하지 않았고 경제적으로 집안은 기울대로 기울었다. 브라질로 이민 가서 3년 동안은 학교를 다닐 수 없었다. 기계로 수를 놓는 일을 배워야 했고, 그것으로 돈벌이를 해야 했다. 너무나도 많은 속앓이를 했고 눈물은 샘이 넘쳐 나듯 그렇게 그이의 가슴을 항시 적셨다. 부모님의 끝이 보이지 않는 불화는 불안함을 넘어 무서움이었다. 그이의 가정은 누가 보아도 역으로만 흘러가는 역기능 가정이었다. 결심하고 또 결심했다. 가정은 반드시 평화롭고 안정되어야 한다는 것을.

고등학교에 입학하면서 남편을 만났다. 그이 22살에 그리고 남편 23살에 결혼을 했다. 부부의 학부 전공은 신학. 같은 학문을 브라질에서 공부했다. 미국으로 갔다. 선교학으로 부부는 석사학위를 받았다. 박사학위는 다르다. 그이는 '결혼과 가정 치료학'으로 박사학위를 받았다. 가정의 치유함을 예전부터 받고 싶어했던 갈급함으로 인해 직접 그 방법론을 알고 싶었기 때문이다. 미국에서의 학업을 마치고 다시 브라질로 갔다. 자신을 성장시켜 준 나라에 대한 보답을 해야 한다는 생각으로 남편은 상파울로 동양 선교교회 부목사로 교회를 섬겼고 사모는 가정사역을 시작했다. 그러다 온누리 교회로부터 위임을 받은 것이다.

"박사 과정까지 공부를 했다고 하니까 부잣집 딸이라고 생각을 하나 봐요. 그게 아닌데. 가진 것도 없고 배경도 없는 제가 많은 공부를 할 수 있었던 것은 오로지 하나, 하나님의 든든한 배경 그것뿐이예요. 미국에서 공부할 때도 아이들이 햄버거를 먹고 싶어할 때는 기도를 해야 할 정도였으니까요. 커피를 사고 싶어도 그냥 눈을 감아야 했습니다."

작년 1월, 한국에 나오면서 그리고 강의를 하면서 그의 주머니는 조금씩 두둑해졌다. 아이들이 먹고 싶어하는 것을 즐거운 마음으로 사줄 수 있었으니, 결혼 14년 만이었다. 그러나 이것은 그리 중요한 것이 아니다. 다시 돌아가야 할 브라질. 그이는 브라질을 사랑한다. 공짜로 열어 주신 그동안의 길을 이젠 하나 하나 갚아야겠다는 생각이 간절하기 때문이다.

"댁의 가정은 건강합니까?"

■ 역기능 가정은 반드시 치유해야

오전의 강의 그리고 저녁 강의를 위해 요즈음의 신세대들의 동향을 모조리 꿰뚫고 있다. 가요도 드라마도 뭐든 알아야 부모와 자녀간의 대화를 터놓을 수 있기 때문이다. 부모와 자녀와의 관계를 위해 하고 싶은 것이 너무 많다.

"'가정이 교회화 되고 교회가 가정이 되는 것'이 21세기의 가장 이상적인 가정사역 목회이지요. 가정이 건강해지면 당연히 교회도 건강해지는 것입니다."

가정 안에 예배와 수양회, 철야예배가 있다는 것. 수요예배를 적절히 활용해 아버지와 아들이 오는 예배, 부부만 오는 예배 등 갖가지 가정의 건강을 위해 교회는 참으로 할 일이 많은 셈이다. 교회는 당연히 가정의 기능을 강화시키는 보조 역할에 앞장을 서야 하는 것이라고.

남의 가정을 돌보느라 정작 자신의 가정을 소홀히 했다는 것이 참 속상하다. 토요일 아침부터 오후 4시까지는 반드시 가족들의 시간(Family Time)으로 정해 놓았다. 편지 교환도 자주하고 일기장을 아이들과 같이 쓴다. 일기장을 통해 많은 대화를 나눈다는 그이. 엄마가 주의 일로 쓰임 받는 것이 아이들 또한 스스로를 훈련시키고 있는 셈이다.

'하나님의 사람으로 무엇을 할 수 있을까'라는 어려운 고민, 하나님이 떨어뜨려 주실 부스러기를 그이는 오늘도 기다린다.

비전을 품은 사람들

깨어있는 목소리를 펜대에 담아

카피라이터 맹명관 씨의 전략

첫 시작부터 숨이 가쁘다. 그동안 할 말은 다 해 온 터인데도, 또 멍석을 깔아 놓으니 술술 잘 풀린다. 이렇게 하고 싶은 말이 많았던가. 매번 수도 없이 반복했던 말인데도 새삼 새롭다니. 뭔가 풀어야 할 것이 있다는 증거이다. 그리고 더 많이 깨어져야 한다는 자성의 외침이기도 한데.

"세상 속에 영향력을 끼치지 못하는 기독교인이 되어가고 있습니다. 안일해져 간다는 이야기입니다. 자신들의 테두리가 안락하고 평화롭다면 그저 그만입니다. 세상은 변하는데 옛것을 그대로 고수하는 우리들은 머지않아 세상의 하수인이 될지도 모릅니다."

조금은 과격한 표현인 것 같은데 그런데 정곡이 찔린 것처럼 뒤통수가 아찔하다. 한 줄만이 아찔할 것 같지는 않다. 최소한 시대의 아픔에 동참하는 이들이라면.

맹명관(39·성서침례교회)씨는 화통하다. 그래서 답답하다고 한다. 왜, 기독교인들이 연구하고 노력하지 않는지. 기독인들은 세상 속에서 큰 일을 하고 있을 때에라야 당당히 자신들의 몫을 가져갈 수 있는 정담함이 부여된다. 정직하지도 그렇다고 성실하지도 못한 이 시대의 기독인들, 그들을 볼때마다 그이는 울화가 치민다. 도대체 어디로 이 시대를 이끌려고 하는지에 대한 울화다.

■ 정당함이 부여되는 기독교인

시(詩)로 문단에 등단했다. 카피 경력 13년, 정확한 그의 작업은 6가지나 된다. 카피라이터, 생활 칼럼니스트, 마켓터, 에세이스트, 광고창작과 교수, 각종 문화센터 강사까지.

한마디로 일축하자면 글을 쓰면서 사는 사람이다. 알 만한 TV프로그램의 대본이 그의 손에 의해 이루어진다. 각종 잡지와 신문과 사보에 칼럼으로 종횡무진 일련된 필체로 그의 사고를 피력한다. 광고, 홍보 영화, TV프로그램까지 기획한다니 도통 무한한 기획력이 아니면 따라가기 힘들 정도이다. 거기다 17권의 저작물(에세이, 소설)이 있다.

앞선 자.

그렇게 불러야 그를 3분의 1정도 정확하게 표현한 것 같다. 1백퍼센트로 그를 꿰뚫는다는 것은 1, 2시간 가지고는 불가능하다. 모 일간지에 남자로서는 처음으로 육아일기를 썼다. 어머니만이 아닌 아버지도 함께 해야 한다는 '아기 키우기'는 굉장한 바람을 일으켰다. 결국 그이는 교육방송의 육아 프로 고정 MC가 되었다.

천성인 것 같다는 글쟁이. 오죽했으면 어머니의 꿈에 펜을 보여 주었을까. 일생 펜을 손에 꼭 쥐고 살아가라는 암시 같은 신호. 그러나 부모는 그의 천성을 바꾸고 싶었다. '글쓰면 배 고프다'는 고정관념이 팽배한 시대였다. 누가 그의 대쪽같은 펜을 꺾을 수 있었을까. 결국 가출까지 경험했다는 이력에는 이것 또한 포함되어 있다.

"모태신앙입니다. 그렇지만 저는 기독교인이라는 걸 참 싫어했습니다. 형식적인 신앙 생활이 아주 오래 지속되던 어느날, 90년도였습니다. 그때 구원을 알았습니다. 그동안 저는 많은 글들 속에 기독교인의 냄새는 전혀 나지 않았습니다. 쓰고 싶지 않았던 것이지요."

왜 그랬을까. 외형적으로 팽창되어 가는 물량주의에 넋이 나갔다. 황홀감이 아닌, 이래서는 안된다는 자책감으로 정신이 혼미해졌다. 그리고 너무 마음이 아팠다. 안되겠다 싶어, 구원을 확신한 뒤부터 그는 자성의 목소리를 높이기 시작했다.

개신교의 최대의 폐단, '끼리끼리'는 가정에까지 파고들어 가족 이기주의를 낳았다. 확실한 기독교적인 마인드를 갖지 못한 채, 어느 순간 선교전쟁이 벌어졌다. 어느 교회는 어디로 몇 명의 선교사 파송이라는 막대 그래프 그리기가 색색깔로 포장되어졌다. 선교여행이라는 참 훌륭한 테마가, 알맹이는 쏙 빠지고 쭉정이만 골라 가지고 돌아온다.

■ 기독교적인 마인드가 다시 새롭게 생성

목회자는 50년대, 교재는 60년대, 교사는 70년대.

깨어있는 목소리를 펜대에 담아

대중문화는 첨단의 세상을 이끌어 가고 있는 형국인데, 교회는 한없이 뒤처지고 있다. 한때 교회는 세상문화를 힘차게 끌고 가는 선구자였다. 그러나 어느 순간 기독문화는 오히려 세상문화에 서서히 끌려가고 있다.

"얼마든지 바꿀 수 있습니다. 기독교적인 마인드의 동조자가 군(群)을 이룬다면 투자 할 사람은 많습니다. 틀린 것은 틀렸다고 이야기하고, 바른 것은 추진력 있게 밀고 나가야 합니다. 가두어서 우리들만 자축하지 말고 과감히 세상 속으로 행진해야 합니다. 다음 세대들은 이미 세상과 타협이라는 위험 수위까지 갔을지 모릅니다."

교회는 훌륭한 사람을 많이 배출해야 한다. 그것은 당연한, 이 세상을 살아가는 기독인의 양심이고 감당해야 할 몫이라고, 세상 속으로 끄집어 내는 작업을 이제부터라도 하자는 제안. 이미 계획된 그의 현대적 마케팅 작업이 새롭게 구성되는 순간이다.

그의 모친 최재희(63) 강도사는 늦은 나이에 신학을 했다. 서울역에 가면 최 강도사를 만날 수 있다. 거지와 병든 자. 그들과 함께 하는 모친을 볼 때마다 기독인은 언행이 일치되어야 한다는 걸 다시 한 번 강조하고 싶다. 사랑의 종교, 기독교. 언제부터인가 행동은 없고 말만 무성해졌다.

한 번에 몰아쳤다. 2시간이 이렇게 짧다는 것은 난생 처음이지 싶다. 스스로 훈련하고 끊임없이 헌신하는 이 시대의 앞선

비전을 품은 사람들

기독인. 많은 이에게 행복이 가득하길 바란다는 끝 언저리에
다시 한 번 펜이 세워진다.

'펜은 칼보다 강하다'. 조용한 소용돌이가 물살을 가른다.

깨어있는 목소리를 펜대에 담아

"사랑해요"라고 말하세요

하늘사다리의 젊은 사장 정지홍

사랑은 열매를 맺어야 합니다.
결실이 없는 사랑은
너무나 슬프기 때문입니다.
기쁜 열매를 맺기 위해서는
씨도 뿌려야 하고 땅도 갈아야 하고,
정성을 드려야 합니다.
대충하는 사랑은 사랑이 아니니까요.

사랑한다면 힘껏 끌어 안아 주세요.
때로는 지치고, 곤하여
누군가를 필요로 하게 됩니다.
그때 결코 외면하지 마세요.
아름다움뿐만이 아니라
실패와 아픔까지도
힘껏 안아 주어야 합니다.

정지홍 著 「"사랑해요"라고 말하세요」 中에서

비전을 품은 사람들

　무수히 많은 정보의 세계를 비집고, 연이어 한 사람의 손에서 이루어진 그림묵상집 2권이 해가 지나도 기독교 베스트셀러 울타리를 벗어나지 않고 있다. 독특한 편집과 구도, 그리고 짧은 글귀로 읽는 이의 마음을 편안하게 만들어 주는 이 묵상집의 테마는 사랑. 가장 접하기 쉽고 많이 사용되는 낱말이지만, 너무나도 무질서하기까지 한 사랑이라는 단어를 아주 아름답고 매끄럽게, 그리고 편안하게 소화해 내고 있다.

　「사랑할 수 있을 때 힘껏 사랑하세요」와 「"사랑해요"라고 말하세요」의 그림묵상집 저자 정지홍(30·응암교회) 씨. '하늘사다리'라는 문화사역의 공동체 모임을 이끌고 있는 의욕과 기획이 무궁무진한 이 사나이를 두고, 일부에서는 기독출판계에 '신선한 바람'으로 주목하고 있다.
　하늘사다리의 슬로건은 '이 땅에 하나님 나라의 확장과 천국의 소망을 이어주는 가교의 역할'이다. 그 첫 신호탄으로 책을 내놓았지만, 앞으로 내놓을 것들은 지금까지와는 다른 그 이상의 것들을 준비중이다.

　"예수문화를 중심으로 하는 출판, 광고, 디자인, 문구팬시, 음악, 이벤트 유통을 하는 문화사역의 공동체 모임입니다. 94년 11월에 하늘사다리를 세웠습니다. 이 하늘사다리가 하늘과 세상을 잇는 중요한 매개체가 되었으면 합니다."

　내놓은 가짓수만 해도 여러 개. 과연 공동체 안의 인원 세 명으로 모두 충당할 수 있을지 의문을 남겨 놓은 채, 그이의 예수

"사랑해요"라고 말하세요

문화 심기 작업은 아주 오래 전부터 시작되었음을 알 수 있다.

■ "천국의 소망을 이어주는 가교 역할"

막연하기만 했던 크리스천의 자리를 재정립하려 했던 대학 1학년. 그이는 기독문화부분에 번뜩하는 섬광을 놓칠 수가 없었다. 차지도 뜨겁지도 않은 모태신앙의 화력을 스스로 못마땅하게 여긴 그가 정신을 차리게 된 계기는 중등부 교사를 맡고 부터였다. 한창 사춘기를 접하는 청소년들을 직접 이끌고 신앙을 성장하게 해야 한다는 책임감이 그렇게 예수를 붙잡게 만들었다. 예수를 꼭 붙잡은지 11년. 중등부 교사 중 오랜 경력을 지니게 된 좋은 조건도 예수가 만들어 준 환경이었다.

대학을 졸업하고 영화와 음반관련 유통법인쪽에 일터를 잡았다. 영화와 음반에 관련된 일들은 기독문화를 세상으로 뻗어 나갈 수 있게 만든 밑바탕으로 자리잡았고, 서서히 추진해야 할 일들을 하나 둘 머릿속에 그리기 시작했다. 무궁무진한 계획들이 너무 많아 그이는 독립 사무실을 냈다. 독립 사무실이라지만 선배가 쓰고 있는 사무실 한 귀퉁이에 전화와 책상을 임시로 놓을 만큼 처음은 무모했다. 부모 역시 그이의 무모함을 그냥 지나칠 리 없었고 매일 부모의 잔소리를 들으면서도 그 계획들을 실행해 나갔다.

지금의 동역자의 스카웃(?)은 3년 전에 이루어진 것이다. 그림묵상집의 그림을 도맡아 그리고 있는 박아영(25) 씨는 지난해 미대를 졸업한 재원이다. 중등부때 가르쳤던 제자인 박씨를 그이는 일찌감치 포섭을 해 놓았노라며 자랑스런 미소를

비전을 품은 사람들

짓는데….

"저를 포함해 세 명의 사역자는 같은 교회 안의 청년입니다. 그렇다보니 일주일 내내 얼굴을 마주 대하고 있지요. 편한 마음으로 회사를 이끌어 가려고 합니다. 회사라기보다는 마음 맞는 이들의 즐거운 사역장이 더 어울리겠군요."

아직까지 출판이라는 부분에 치우쳐 있는 사역을 더 확장시키려는 의욕을, 올 하반기부터 하나하나 이루어 나갈 계획이다. 음악과 이벤트 공연문화 활성화, 유통과 새로운 개념의 서점을 공개, 21세기가 오기 전에 기독 영화·연극 종합 예술무대를 세상에 공개하는 것들이 그이의 머리 속에 빼곡이 정리되어 있는 장기간의 비전들이다. 물론 섣불리 이런 어마어마한 계획들을 나열하는 것은 아니다. 충분한 고충과 노력, 비장의 무기가 있어야 가능한 것들이다. 일반시장과 당당히 겨루려면 기독시장에 우수한 인력이 충분히 투입되어야 한다는 사실이 무엇보다 절실한 해결 과제이다.

■ 기독 종합 예술무대를 세상에 공개

그림묵상집을 가만히 읽고 있노라면 크리스천보다는 비크리스천에게 더 권하고 싶다는 생각이 든다. 기독교의 향내가 진하지 않으면서도 무심히 젖어 드는 사랑은 바로 기독교의 그 사랑을 말하려는 것이기 때문이다. 책 페이지마다 등장하는 그분은 바로 예수를 칭하고 있다.

"사랑해요"라고 말하세요

"예수의 사랑을 사람들의 마음에 심으려는 생각에서지요. 그
분의 사랑을 사람들이 닮는다면 세상은 정말 아름답고 밝은 곳
이 될텐대요."

곁들어진 그림은 잠시 안식을 갖게 만든다. 무수한 말들 속에
말없이 전하는 그림은 더 큰 메시지를 남기는 것이다.
봄내음이 완연한 날 부활의 아침에, 하늘사다리에 올라간 그
이는 이렇게 외치고 있다.
"사랑할 수 있을 때 힘껏 사랑하세요."라고.

'눈을 크게 뜨고 세상 속으로'

참미디어 대표 장창규 간사

주말이 가깝게 다가온 금요일이 되면 대부분의 신문에서는 예술·문화란에 요즈음 공연되고 있는 온갖 문화공연에 대해 아주 상세하게 소개하고 있다. 주말을 이용해 짜투리 문화생활이라도 즐겨야겠다는 생각에 거리는 문화로 술렁인다.

얼마 되지 않은 기간을 두고 볼거리는 참 많아졌다. 내용도 표현도 다양함을 넘어서 이해 못할 어려움까지 동반하고 있다. 읽을거리도 '공해'라는 표현을 들만큼 이젠 그 한계 수위를 넘어섰다고 말한다. 대중 속에서 만나게 되는 문화, 그리고 매스미디어는 그야말로 풍요롭다.

그런데 한편에서 우려의 목소리가 높은 것 '무분별한 풍요'라는 그 시점이다. 안타까움을 토로하는 목소리도 높다. 그래서 기독교인들이 나름대로 문화 보는 방식을 세워 보았다.

영상문화를 기독교적으로 재해석 해보고 비평 활동을 89년도부터 해보고 있는 'IVF 매스미디어연구모임'. 단순히 보는 것에서 그치지 않고 직접 제작도 해보고 시사회도 가져보는 꽤 탄탄한 문화적 시각을 가진 모임이다. 처음 창립멤버에서 지금은 이 모임의 전체적인 골격을 세우고 이끌고 있는 장창규(36·참빛교회) 간사는 문화가 다양해지면 다양해질수록 그

만큼 바쁘다.

■ 탄탄한 문화적 시각을 가진 모임

영화연구모임, 제작모임, 문화연구모임으로 세 분과가 나누어진 것은 2년전.

전문성을 가진 젊은이의 모임이라기 보다는 기본을 알 수 있도록 기본적 틀을 잡는 작업에 집중하고 있다. 그런데 이 기본이 무시 못할 단단한 골격이 되는 셈이다. 현재 참여하고 있는 인원은 40여명. 일주일에 한 번이라는 조금은 아쉬운 모임이지만 어느덧 7년이라는 세월의 골을 파 놓은 터이다.

"꼭 IVF회원만이 아니라 신실한 기독인은 누구나 참여가 가능합니다. 기독교인 중에는 다양한 잠재력을 가진 사람이 너무나 많습니다. 이론과 실천이 결합하는데는 많은 시간이 걸리겠지만 차근차근 단계를 밟아 나가는 것이지요."

반드시 무언가를 눈앞에 이루어 놓지 않으면 안된다는 생각보다는 장기적으로 문화시장을 내다본다는 전략이다.

그이는 IVF를 통해 신앙생활의 뼈대를 세웠고 대중매체를 바라보는 안목을 배웠다. IVF의 출판부 IVP에서 출판 간사로 사역하면서 책에 대한 매력을 누구보다도 확실하게 발견했다. 그리고 최종적으로 책을 통해 영적 성장을 했다. 출판과 영상이 보기 좋게 결합된 자신만의 독립적인 사무실을 내게 된 것은 92년 12월 31일. 독립을 선언했다. 다양한 매스미디어와 문

비전을 품은 사람들

화를 기독교적 관점에서 대중들에게 정확하게 전하고 싶었다.

선한이웃이라는 출판사를 등록하고 활동하다 얼마전 '참미디어'로 출판사 명칭을 바꾸었다. 바꾸자마자 'TV, 뉴스 어떻게 봐야 하나?'라는 일상과 가까운 책 한 권을 출간했다. 이제까지 출간한 책은 다섯 권 정도. 많은 책을 출간한 것은 아니지만 꼭 필요한 책들만을 출간한 건 간과할 수 없다.

■ 참미디어 출판사 대표

"이젠 두 달에 한 권씩 책을 낼 생각입니다. 그동안은 번역물 위주였는데 국내 저자를 만나서 한국 현상에 맞는 글들을 펴낼 계획입니다. 꼭 책에만 국한된 것이 아니고 CD나 영상 매체물에도 그 폭을 넓혀나갈 거구요. 그러자면 자본도, 뛰어난 인재도 있어야 합니다. 자본은 서서히 모으면 되고 사람은 키우면 되겠지요."

자신있는 목소리.

그이는 결코 서두르는 모습을 보이지 않는다. 일주일에 한 번 있는 IVF매스미디어 모임의 적임자로 서기 위해 많은 것을 눈여겨 본다. 일주일에 한 번 있는 모임이지만 많은 것을 투자한다. 그리고 각종 기독월간지에 그의 글은 쉴 틈이 없다. 그의 날렵한 필체를 원하는 곳이 많은 터이다. 또한 가을에는 '사회문화학교'도 계획하고 있다. 문화와는 떨어질 수 없었기에 그걸 생업으로 삼았는지도 모른다.

참미디어는 장소도 규모도 작다. 그렇지만 이끄는 사람의 무

'눈을 크게 뜨고 세상 속으로'

한한 능력을 느낀다면 외형은 문제가 되지 않는다. 전문가의
입장에서 기독문화의 선별은 의외였다.

"무조건 신앙의 색깔이 짙어야 기독문화라고는 보지 않습니
다. 연애 감정을 담은 영화에도 공포를 앞세우는 드라마에서도
얼마든지 기독교적 색채는 담겨질 수 있습니다. 외형만으로 '이
다, 아니다'라는 섣부른 판단은 편협합니다. 사회 속에서 공존
하면서 기독교적인 메시지를 강하게 줄 수 있는 것 그것에 초
점을 맞춥니다."

벤허나 쿼바디스는 기독교 영화임에도 불구하고 온 세계의
사람들에게 사랑을 받고 있다.
아직까지 한국은 교회문화와 기독문화를 혼동하고 있다. 교
회 안에서 허용이 안되면 그건 모두 기독문화가 아니라는 식이
다. 기독문화가 발전하는 길은 교회의 폭넓은 수용과 이해가
전제되어야만 가능하다는 그 기본적인 사실을 그이는 이야기
하고 싶은 것이다.

■ 기독문화, 교회문화의 완전한 구별

신혼 3개월이라는 단꿈에 젖어 사는 그이. 간호사를 아내로
맞아들이고 가정에 누구보다도 충실하려는 성실함을 따라갈
자가 없을 것 같다. CCC출신의 아내와 IVF출신의 신랑이 엮어
나가는 신앙이 무척 궁금한데 가끔은 그러한 것으로 인해 문제
가 생기기도 한다고.

비전을 품은 사람들

전적으로 앞날을 바라보고 기독문화운동에 뛰어들었다는 그
이. 그 흘리는 땀이 항상 값지게 높여지길 바란다. 훗날에 선 자
리가 계획하고 다졌던 바로 그 자리기 될 수 있도록.

'눈을 크게 뜨고 세상 속으로'

"사람을 낚는 어부가 되게 하리라"

횟셔뮤직 유지연 집사

어부의 냄새가 난다. 던지는 낚시 바늘마다 월척이 잡힌다.
덩달아 바닷가의 짭짤한 소금기가 묻어 나온다.

"말씀하시되 나를 따라 오너라 내가 너희로 사람을 낚는 어
부가 되게 하리라 하시니"(마 4:19)

더 이상 걱정할 것이 없다. 이렇게 든든한 말씀으로 중무장한
유지연(45·온누리교회) 집사는 그래서 언제나 바다로 향한다.
광활한 세상이라는 바다에 덜컥 낚싯대를 드리운 것이다. '사람
의 마음을 낚는 어부'는 배짱 좋게 세상 속으로 낚싯대를 드리
운다.

사무실은 분주했다. 쉴새없이 걸려 오는 전화. 그리고 실려
나가는 물건. 분주함의 한 켠에는 세상에 소금이 되는 음악이
흘러나오고 있다. 분주함과 온화함의 복합점, 횟셔뮤직(Fisher
Music)은 이렇게 시작한다. 공존함에서 느껴지는 평화.

크리스천 음악 전문 기획·제작사, 횟셔뮤직.

어떤 도구도 필요 없다. 음악이라는 훌륭한 미끼만 있으면 된
다. 일단 그에게 걸려들었다면 감사해야 할 일이다. 크리스천
음악을 통해 공짜로 하나님을 만난다는 것이 어디 쉬운 일인가.

비전을 품은 사람들

그는 그 매개체 역할을 하고 있다.

작전명령 1호. '방황하는 영혼을 하나님 앞으로.' 이 일이 횟셔뮤직을 통해 그가 할 일이다.

■ 사람의 마음을 낚는 어부로 탈바꿈

70, 80년대의 대중가수들은 누구를 불문하고 그를 잘 안다. 대중음악의 생명은 편곡에 달려 있다. 작사, 작곡의 과정은 중간 과정일 뿐이다. 한 곡의 완성은 편곡을 통해야 한다. 편곡에 따라 노래의 성공 여부가 달려있다해도 과언은 아니다. 이렇게 중요한 자리이지만 편곡자의 이름은 대중에게 잘 알려지지 않는다. 이선희, 정태춘, 신형원, 임지훈 등 80년대를 풍미하던 내노라 하는 가수들의 곡은 반드시 그의 손을 거쳐갔다. 산울림, 동물원 등 아직까지도 그들의 명성은 자자하다. 대부분 곡들로 승부를 건 일명 잘 나가는 자수들이다. 임지훈의 절묘한 하모니카 연주도 그의 솜씨다.

음악 하는 사람들 사이에서 없어서는 안될 지도자로 등장했다. 대중가요 편곡자이면서 그 누구도 따라올 자가 없는 영역을 소유한 기타리스트, 유지연 집사. 가장 왕성하게 활동 영역을 넓히고 있을 때 그는 조용히 그 자리를 물러나고 만다.

"아내를 만나면서 신앙을 접했습니다. 세상적으로 부러울 것 없는 저에게 신앙은 절대적이지 않았습니다. 세상은 저의 능력을 통해 참 많은 걸 주더군요. 급할 것이 없었습니다."

"사람을 낚는 어부가 되게 하리라"

그렇지만 하나님은 거저 준 달란트를 깔끔하게 거두기 시작했다. 당신 앞으로.

온누리교회 하용조 목사와의 만남은 1백 80도 변화를 가져왔다. 두란노 경배와 찬양의 총 책임자 '뮤직디렉터'로 탈바꿈을 한 것이다. '전하세 예수 1, 2, 3, 4'집의 장대한 작품을 발표하는 것은 그에게 있어 결코 무리는 아니었다. 워낙 실력이 무궁한 터였다.

"음악 생활을 오래 한다고 했지만, 정작 제 이름으로 발표한 음반 한 장이 없었습니다. 그리고 하나님 앞에 정성을 다해 드린 음악도 없었고요."

'유지연 성가연주 앨범'을 낸 것은 그즈음. 대중가요 편곡자로서의 이미지를 말끔히 씻은 터였다. 그리고 횟셔뮤직이 탄생하게 된다. 그때가 92년 말.

횟셔뮤직은 국내에서 구하기 힘든 음반들을 국외로부터 들여와서 내놓았다. 외국의 아카펠라 찬송가, 빈야드워십(worship), 삼(psalms) 시리즈와 지난 6월에 러시아 필 하모닉이 연주한 찬송가 앨범을 출반했다. 러시안 필이 순수한 찬송 앨범을 냈다는 것은 소련 역사상 초유(初有)의 일이라고.

선뜻 나서서 들여올 수 없는 높은 장벽의 음반들을 그이는 척척 계약을 하고 돌아온다. 조만간 국제대학생선교회의 경배와 찬양 음악, 러시안 필의 캐롤 음반도 선보일 예정이다. 이미 출판 분야에도 터를 닦아 놓았다. 비디오 출시도 초읽기에 들어갔다. 월트디즈니사 애니메이션팀이 제작한 '신구약 어린이 성

비전을 품은 사람들

경만화'도 보급할 예정이고, 번역서 출판도 무리 없이 추진 중이다.

국내 복음성가 가수들의 음반도 제작 판매하고 있다. 횟셔뮤직은 기독교 힌 분야의 문화 안에서 만큼은 경계를 두지 않는다.

멤버쉽 카드도 가동을 시켰다. 횟셔 멤버가 된다면 각종 혜택이 돌아갈 것이라는 선의의 홍보. 잘 될 거라고 믿지만 이것이 사업은 결코 아니다. 오로지 사역으로 통하는 길이다.

■ 삶이 곧 예배가 되기 위해

"먹이시는 방법이 각각 틀리잖아요. 하나님이 어떤 것으로 어떻게 먹이시든 그것이 최상의 것이라고 생각합니다. 바람이 있다면 저의 삶이 온전히 하나님 앞에 예배가 되길 바랄 뿐입니다."

"우리가 선을 행하되 낙심하지 말찌니 피곤하지 아니하면 때가 이르매 거두리라"(갈 6:9) 적절한 때에 추수할 것을 예비해 두셨음을 믿고 있다.

찬양문화가 또 하나의 크리스천 연예인을 양성하는 도구가 되지 않기를 진심으로 바라는 그이. 찬양 속에 거하시는 하나님이 온전하게 알맹이로 전해지길 기도한다.

'하나님이 하나님 되시게 하는' 크리스천 본연의 의무를 그이는 말하고 싶은 것이다. 이미 삶 속에서 일어났어야 할 크리스천의 큰 움직임이다.

"사람을 낚는 어부가 되게 하리라"

'하나님과 토크쇼 하고 싶은 남자'

방송작가 김종철 집사의 고백

　누군가를 만나고 돌아섰을 때, 걸음이 가볍다는 것은 분명 그 만남이 좋았기 때문일 것이다. 여의도에서 잘 나가는 방송작가 김종철(33·과천교회) 집사를 만나고 돌아섰을 때 그랬다. 딱딱한 의자였지만 전혀 불편함을 느낄 겨를 없이 훌쩍 몇 시간이 지나가 버렸다. 끝없이 이어지는 창작의 세계 앞에 흐르는 시간이 아쉬울 정도였으니.

　방송작가 생활 10년.
　알 만한 프로의 대본을 휩쓸다시피 쓰는 사람. 연예계는 물론 정치계, 세계 유명 인사, 평범한 사람까지 만난 사람만 해도 헤아릴 수 없고, 그네들의 시시콜콜함까지도 눈이 번뜩일 정도로 쫙 꿰고 있는 사람.
　시청자들로 하여금 방송의 세계로 몰입하게 만들어야 하는 막중한 책임감을 지고 있는 한마디로 대단한(?) 사람이 하나님 앞에서는 꼼짝을 못한다. 일방적인 짝사랑일지라도 여전히 활활 사랑의 불길을 태우고 있다. 그래서일까. 세상 속의 방송작가라는 칭호보다는 성극(聖劇) 작가라며 그이의 이력을 자랑스럽게 내민다.

비전을 품은 사람들

■ 방송작가, 성극(聖劇) 작가

지금으로부터 13년전 성극 '칼멘의 고백'을 발표로 창작 활동을 시작했다. 더 거슬러 올라가자면 중·고등학교때부터 그이는 두각을 나타냈다. 시중에 나와 있는 성극 대본에 양이 차지 않았다. 문학의 밤, 연극 발표회 때는 꼭 손수 성극 대본을 썼다. 고3 때는 8mm필름으로 10분 짜리 영화를 만들어 상영했다. 일찌감치 하나님은 탁월한 달란트를 보여주셨다. 공대를 진학했지만 부지런히도 대학로를 쫓아다니며 수많은 연극 공연을 했다.

이왕이면 수준 높고 고급스럽게 연극을 하고 싶었다. 그이의 수준은 얼마 안가서 인정받았다. 성극 대본만이 아니라, 방송 대본을 써보라는 제의를 받은 때가 21세. 누구는 몇 년을 맴돌다가 마는 그 자리에 덜컥 지목을 받은 것이다. 세상적인 방송이 아니라 크리스천의 방송국이라 흔쾌히 승낙을 했다. 하나님이 주신 달란트를 온전히 써야 한다는 생각 때문이었다.

그런데 시간이 흐를수록 이건 아니라는 생각이 들기 시작했다. 헌신하는 마음으로 일을 하는 자에게 결국에 돌아오는 것은 시쳇말로 '배곯이'였다. 자존심이 상할 정도로 대우가 영 아니었다. 기독교계의 사고방식에 당황하기 시작했다. 무언가 다른 뜻이 있어 그이를 혼란스럽게 만드는 것이라 생각했다. 다시금 기도 제목을 놓고 기도를 했다.

일단은 실력을 인정받고 유명해져야 한다고 생각했다. KBS 본관 건물 앞에서 일주일에 한 번 한결같이 기도했다. '저 방송국에서 일하게 해 달라고.' 그러기를 1년. 물밀듯이 쏟아지는

'하나님과 토크쇼 하고 싶은 남자'

제의 앞에 그이는 감격했다.

"아무런 연고도 배경도 없는 사람이 방송작가로 방송국에서 일한다는 것은 굉장히 힘든 일입니다. 결국은 하나님이라는 배경이 그렇게 저를 이끌어 주었던 것이지요."

'밤으로 가는 쇼', '밤과 음악사이', '빅쇼', '지구촌 파노라마'라는 굵직한 프로그램을 맡으면서 더욱 바빠졌다. 타 방송사에서도 끊임없이 제의가 들어왔다. '주병진 나이트쇼', '김한길과 사람들' 등 토크쇼가 주를 이루었다.

어느 정도 고지에 올라오니 기독교계 방송에서도 대우가 달라졌다. 아쉬웠던 것은 순수한 마음으로 일하는 작가들에게 기독교는 아직도 옛모습 그대로이다.

한참을 종횡무진 하다 보니 어느새 10년이 흘렀다. 고지(高地)를 지키기 위해서 온갖 중상모략을 이겨내었다면, 세상일이라는 것이 과히 쉽지만은 않다는 것을 알 수 있다. 특히 방송국이라는 세상은 더욱 그렇다. 프로가 시청률이 높아야 한다는 강박관념 때문에 한시도 긴장을 늦출 수가 없다. 개편때 혹시 잘릴(?) 지도 모른다는 불안함을 안고 살아야 한다.

■ 고지(高地)를 탈환했지만

"저에게 방송일은 한시적이라고 생각합니다 머리가 희끗희끗 할 때까지 할 수 있다면 좋겠지만, 방송 생리상 그렇지 못하거든요. 신선한 감각을 찾게 되니까요. 결국에는 돌아가야 할

비전을 품은 사람들

성극에 재무장을 할겁니다."

  97년 2월에 무대에 올릴 또 다른 성극 '마사다'를 위해 이스라엘로 향한다. 이스라엘 역사의 하이라이트 부분을 대본으로 쓰기 위해서이다. 세세한 부분까지 놓칠 수 없는 것이 연극이다. 구체적으로 형상화시켜야 하는 것이 연극의 묘미이기도 하다.

  방송일도 하기 힘든 터에 그이는 참으로 많은 책을 썼다. 성구 관련, 방송 관련은 물론 그 이외의 장르까지 줄잡아 20여권. 이번에 발간한 「하나님과 토크쇼 하고 싶은 남자(예인 刊)」는 남다른 애착을 갖고 있는 책이기도 하다. 왜냐하면, 누구도 아닌 자신의 이야기가 내재되어 있기 때문이다.

  헬리콥터가 프로펠러를 쉬지 않고 돌리듯 그렇게 그이의 머리는 늘 새로운 아이디어를 찾는데 여념이 없다. 그러다가 어느 순간 멍해지기도 한다. 그때는 곧바로 추락이란다.

  한국판 '벤허', 한국판 '쉰들러리스트'를 만들고 싶어하는 야심만만한 그이가 있어 세상은 다행이라고 말한다. 맛깔난 말솜씨와 뛰어난 창작력을 소유한 그이는 잘 나가는 사람임에 분명한데도 잘난 것이 없다고 하니….

  살맛 나는 시간.

  그이는 그렇게 타인에게 살맛 나는 세상을 느끼게 만든다. 그이가 쓰는 토크쇼에서 바라보는 세상은 언제나 그렇다.

'하나님과 토크쇼 하고 싶은 남자'

'모든 것에 풍족한 사람'

하나님 찬양꾼, 이은수 씨

"힘들고 지쳐 낙망하고 넘어져 일어날 힘 전혀 없을 때에 / 조용히 다가와 손잡아 주시며 나에게 말씀하시네 / 나에게 실망하며 내 자신 연약해 고통 속에 눈물 흘릴 때에 / 못 자국난 그 손길 눈물 닦아주시며 나에게 말씀하시네 / 너는 내 아들이라 오늘날 내가 너를 낳았도다 / 너는 내 아들이라 나의 사랑하는 내 아들이라 / 십자가의 고통 해산의 그 고통으로 내가 너를 낳았으니…"

주의 크신 위로가 전해지길, 기도하는 미음으로 1집을 세상에 내놓았다.

똑! 떨어지는 눈물 한 방울. 어느 누가 이리도 간곡하게 우리를 '위로'하는 것일까.

돌아볼 틈 없는 세상의 틈바구니 속에 우리의 존재를 사랑이라고 외치는 음성.

■ '너는 내 아들이라'

이은수(34·충신교회) 씨의 솔로 1집 '위로'를 듣고 있으면 평온과 사랑을 느낄 수 있다. 이 느낌이 듣는 이에게 그대로 전해졌다면 그이는 더 바랄 것이 없다. 치유함을 얻고 용기를 얻었다면 그대로의 감사가 될 뿐이다.

충신교회 젊은 집사 이은수 씨는 이럴 때마다 한 걸음씩 주님 앞으로 발걸음을 옮긴다. 지난 87년 극동방송 주최 '제6회 전국 복음성가 경연대회'에서 동상 및 특별상 수상을 계기로 삶의 푯대는 전폭적으로 주님 앞으로 바뀌게 된다.

"하나님의 음성을 들었습니다. 내 안에 모든 것을 예비하시고 계획하시는 그분의 음성을 말이지요. 굶어 죽는다면 더 큰 영광으로 알고 찬양사역을 시작했습니다. 하나님께서는 역시나 순간 순간을 예비해 놓으시더군요."

음악에 대한 학문적 체계도 전혀 없는 그이를 작곡도 하게 하고 편곡도 하게 하시니, '하나님께서는 참 급하셨나 봐요'라며 전혜영 자매가 한마디 거든다. 복음성가 경연대회에서 만나 3년간 같이 사역을 하며, 자연스레 같은 길을 걷고 있는 아내의 말이다.

성악을 전공한 아내는 간혹 그이의 음악 색깔과 뜻을 달리할 때가 있다. 요즈음 세상 사람들의 음악과 정서를 이해하기 위해 그이는 가요와 팝송을 멀리할 수 없는데, 아내는 클래식 위주로 고집할 때가 있다. 그래서 초기에는 은수 형제가 혼란스

'모든 것에 풍족한 사람'

러웠을 거라며 혜영 자매는 안쓰러워 한다. 형제와 자매, 스스럼없이 부부는 형제와 자매가 된다.

이들 부부는 가스펠 1,2집을 함께 만들어 하나님께 드렸다. 찬양드림 콘서트 '주님과 동행하십니까'로 무대에도 같이 올랐다. 넘쳐 나는 사역들을 묵묵히 하나씩 양어깨에 나누어 가졌다. 그리고 시간이 흘러 이은수 솔로 1집이 나왔다. 반응이 꾸준하다. 서둘거나 뒤돌아 본적이 없다. 언제나 예비해 놓으신 그 길을 따라 하기만 하면 되었다.

"저희의 있는 삶 자체가 선교라고 생각합니다. 예수의 향기가 살포시 이웃들에게 퍼지는 삶을 살아야 한다고 생각하니까요."

■ 있는 삶 자체가 선교

사랑스런 두 아들이 있다. 드림이(5)와 요한이(3). 드림이에게 누구 아들이냐고 물으면, '하나님 아들'이라고 당연하게 이야기한다. 처음 방문한 낯선이에게 드림이는 다가와 말을 건다. "제가 드림이예요. 다섯 살이구요. 저기 저 사진이 저예요." 다섯 손가락을 펴든다. 요한이도 질세라 손가락 세 개를 편다. 겨울을 재촉하는 비가 하염없이 내리는데, 드림이네는 온 가족이 모여 훈훈한 온기를 세상으로 내 보내고 있다.

방송국, 학교, 교회, 각종 집회에 그이는 바쁜 주의 종이다. 그래서 올해가 끝나 가는 즈음에도 방 한켠을 다 차지해 버린 일정표가 도배를 하고 있다.

92년 '선교한국'에 참석해서 중보해야 할 나라로 일본을 허락

비전을 품은 사람들

받았다. 'Love Japan'이라는 단기 선교 모임을 시작하고, 1년에 두, 세 차례 일본으로 찬양사역을 떠난다. 매번 갈 때마다 느끼는 것은 '우리는 주님의 가족'이라는 공통 분모이다.

사람의 힘으로 자신을 알린 적이 없는데 전혀 낯선 나라에서 초청을 한다. 올해에는 인도네시아, 말레이지아에 찬양사역을 하고 왔다. 때로는 놀라울 정도로 자신을 알고 있는 외국인들을 만나면 '하나님은 어느새 이곳에도 계획해 놓으셨구나'하고 깨닫게 된다.

■ 낯선 곳에서의 부름

2집을 준비중에 있다. 주제는 연합, '형제가 연합하니 어찌 그리 아름다운지요' 내년 여름쯤이면 듣게 되지 않을까 하고 계획을 세우지만 이것도 하나님의 계획안에 들어 있어야 하기에 조급해 하지 않는다.

찬양사역자, 혹 겉으로 드러나는 화려함만을 보고 쫓으려는 이에게 한마디를 부탁해 본다.

"양을 먹이는 목자와 같은 길입니다. 각자에게 주어진 소명으로 주님 안에서 비전을 키워 갔으면 합니다."

'여호와는 나의 목자시이니 ···'(시 23:1, 2). 이 말씀을 2년 동안 계속 묵상하고 있다. 쉬운 말씀 같지만 묵상하면 할수록 주님은 많은 뜻을 조금씩 알게 하신다. 대할 때마다 새로울 수밖에 없다.

'모든 것에 풍족한 사람'

"가사 하나 하나가 신앙고백입니다. 특별히 구상하거나 꾸미지 않습니다. 듣는 이가 치유함과 용기를 얻었다면 주의 크신 위로가 전해진 것이겠지요."

비가 내리는 가을 날, 위로를 듬뿍 받으며 돌아가는 발길이 왜 이리도 가볍고 감사한 것인지….
똑! 빗방울이 발 앞에 떨어진다.

비전을 품은 사람들

기쁨 나눠주고픈 가슴 있기에 ···

생명의 가치를 알리는 이재왕 씨

사진첩을 열어 본다.
백일 사진 속의 건강한 내가 보인다.
한장한장 넘겨 가다 보니 걸어다니다가,
서 있기 힘들어 하다가,
앉아 있다가 끝내 근육이 없어짐으로 해서
점점 말라가는 나의 모습을 볼 수 있다.
그러다 문득, 지금 이 순간 그런 나의 모습을
이 모습 이대로 사랑할 수 있다는 것이
사무치게 감사하다.
······

지금도 때로는 힘들고 어려울 때면
'하나님 너무 힘듭니다'라고 고백을 한다.
가끔 어릴 때 받았던 상처들이 떠오를 때면
좀더 높아지고 싶은 마음들이 충동질하기도 한다.
하지만 예전의 나의 모습을 다시금 떠올리면
하나님을 향한 지금의 내 모습과
지금의 삶에 대해서 감사드리지 않을 수 없다.

이재왕 著 「기쁨 나눠주고픈 그런 가슴 있기에」

아주 어린 나이 여섯 살 때에 이재왕(28·창신교회) 씨는 근육 디스트로피라는 병을 앓았다. 스스로 몸 속에서 발병하고 있는 병으로 인한 불편함. 그 불편함은 한 순간으로 끝나지 않았다. 이제껏 그 꼬리는 여기까지 쫓아 왔다. 그리고 앞으로도….

'죽음'이라는 단어를 멀리, 아주 멀리 보내서 그이 곁을 떠나간다면 그렇게 했을 것이다. 그러나 죽음이란 존재는 늘 따라 다니는 무거운 멍에였다. 그이의 표현대로 멍에였다.

지난밤의 늦은 집회로 새벽 6시경에나 집으로 돌아온 그이는 아침 식사를 오후 1시경이 넘어서야 하고 있었다. 초췌하기보다는 미소를 가득 담은 얼굴로, 힘겹기보다는 오히려 감사의 얼굴로 그렇게 시선을 주고 있었다.

"사랑을 하면은 간직해 두고 싶은 이야기가 있습니다. 만남이 시작되었다면, 그 만남 또한 간직하고 싶어지지요. 19살에 만난 하나님과의 뜨거운 사랑을 간직하고 싶어서 글을 썼습니다."

꼭 중요한 때에, 있어야 할 때에, 평생 한 권만을 세상에 내놓고 싶었다. 아직은 이른 때라고 생각한 92년 제안을 받았다. '죽음'에 관하여 써달라는 부탁.

슬며시 죽음에 관한 멍에가 다시 떠오르기 시작했다. 혹, 죽음이라는 책을 쓰게 되면, 그리고 끝을 맺게 되어 마지막을 탈고하면 죽게 되는 것은 아닐까. 유언장 같은 느낌을 떨칠 수가 없었다. 지속적으로 하나님께 간구를 했다. 조미료의 인생일지라도 꼭 필요한 곳에 쓰이다 생을 마감할 수 있도록 이라고.

■ '죽음이란 멍에'

93년 6월, 한 권의 책, '산 것이 없어진다'가 손에 들려진 순간 죽음과 삶이 엇갈리기 시작했다. '다 이루었다라는 마음과 더불어 이제 갑니다'라는 만감이 교차했을 때 그이는 하나의 진리를 발견하게 되었다. 더 이상의 죽음은 없다는 것을….

"글을 쓰면서 이게 마지막이라면 이 모습 그대로를 고백하고 싶었습니다. '마지막'이라는 것이 저에겐 힘이 되기도 하고 채찍이기도 했으니까요."

그이가 앓고 있는 병의 평균 수명은 스무 살. 그러고보면 평균수명을 훨씬 넘긴 것이 된다. 그리고 알리고 싶은 것은 병의 증세가 멈춰 버린 것이다. 순간 순간 찾아온 죽음의 두려움과 아픔은 말로 표현할 수 없다. 눈물로 대신했던 고통의 시간은 그이를 더욱 강인하게 만들었다.

늘 다니는 것에 대한 불안을 떨쳐 버릴 수가 없다. 말씀에 대한 훈련과 양육을 받고 싶어도 몸이 불편하다는 이유 때문에 '아무것도 할 수 없구나'라는 실의에 빠지기도 했다. 주일날 누

기쁨 나눠주고픈 가슴 있기에 · · ·

군가가 없어 예배에 참석하지 못할 때가 있다. 주일날 예배도 볼 수 없다는 사실이 무엇보다 착잡하다.

사람을 만나고 도움을 받는 것에 대해 불안할 때가 있다. 지속적이지 못하고 순간 순간 찾아 헤매이어야 한다는 사실에 대해. 그런 염려가 없었으면 좋겠다.

요즈음 기도하고 준비하는 것은 '소리'에 대한 것. 소리에 대해서 무감각해져가는 시대를 탓하고 싶지만, 들려져야 할 소리들이 소음에 자취를 감추는 것 같아 안타깝다.

"창세기에서부터 요한계시록까지 예수님이 내셨던 소리들을 옮겨서 책으로 내고 싶어요. 소리를 느끼지 못하는 시대에 조그마한 움직임을 만들고 싶습니다."

컴퓨터 전문가. 오기로 컴퓨터를 시작했다. 혼자 터득한 컴퓨터는 수준급에 도달했다. 컴퓨터로 인해 안아야 했던 무수한 아픔도 이젠 치유되었다. 산골 지방에 있는 목회자들의 컴퓨터를 무료로 점검도 해 주고 가르치기도 한다.

"신앙 안에서 아픔이 아름답게 보이는 것은 당사자에게 철저하게 아픔이라는 과정이 있었기 때문입니다."

언제쯤 걸을 수 있을지, 화장실은 혼자 언제쯤 갈 수 있을지····.

아픔 가운데서도 넘어지지 않고 당당하게 앞으로 가기 위해서는 철저한 아픔을 동반해야 한다.

생명만큼 가치 있는 것은 없다고 말하는 이. 지금 힘들다고
'에서처럼 팥죽 한 그릇에 스스로의 가치를 팔지 말라'고 말하
는 이. 오른손을 쓰지 못해도, 걸을 수 없어도 가치를 알았기 때
문에 행복하다는 이.
　해야 할 일이 많기에 그때까지 하나님이 도와주셔야 한다는
간절한 기도. 그 기도를, 여기 이 글을 보는 이들에게 내 놓는다.

기쁨 나눠주고픈 가슴 있기에 · · ·

물 흐르듯 흘러간 그 자리

'영원한 사귐'의 김명식 씨

"들려 오던 슬픔 거둬 버리고 / 부르짖던 분노 삭혀지게 하고 / 입술 깨물던 눈물 닦아지게 하고 / 두려웠던 절망 뛰어넘고서 / … / 영원히 너 영원히 사귀어 살며 / 그 평안과 축복을 누리어라 …"

김명식 詞 「영원한 사귐」 中에서

할 얘기가 있어 노래를 시작했다. 살아가자면 해야 될 이야기가 있을 것 같기에. 아직 이른 나이에 '얼마큼 살았다'고 할지 모른다. 그러나 시련은 순서가 없다. 무척 망설이고 머뭇거렸던 시간. 그 시간이 아팠다. 아픔을 승화한다는 말이 있지만 김명식(30·영평교회)씨는 노래를 그 도구로 삼았다.

잉태의 고통을 조심스레 펼쳐보이는 음악세상

■ '할 얘기 있어 노래를'

봄의 햇살이 광화문 한 복판을 때리고 있다. 이쪽저쪽 무수히

지나치는 자동차의 물결이 2층 빵집 안에서 훤히 내다보인다. 아늑한 자리. 그이는 그렇게 아늑한 자리에서 무심히 세상 속으로 시선을 두고 있다.

한창 기지개를 펴고 도약의 자리를 다지고 있는 출발이 신선한 가스펠 싱어. 조심스럽게 다가가는 교회와 세상에 한마디로 '좋은 영향력'을 끼치고 싶은 인물.

하나님보다 앞서가지 않으려고 때론 성급함을 자제했다. 잉태의 고통을 여자가 아닌 남자가 안다는 건, 솔로 앨범이 나오기까지 그이가 간직했던 고통의 비유이다. 그렇다. 시작과 중단의 과정 속에 주님과의 '영원한 사귐'을 내놓았다. 목놓아 울었던 울음 뒤에.

"고 1때였을 겁니다. 저희 교회에 외국인들로 구성된 찬양팀이 방문했지요. 인간의 죄와 하나님의 사랑과 구속, 예수를 삶의 주인으로 모셔들이는 것에 대해 뜨겁게 설명했지요. 그때 주님을 처음 영접했습니다. 그리고 '내일 학교를 자퇴하고 저 팀을 쫓아가자'라고 결심했지요."

그때만 생각하면 지금도 입가에 미소가 머문다. 그랬던 소년은 그때부터 찬양으로 호흡했다.

복음성가경연대회를 계기로 '찬양하는 사람들'을 만났다. 한국 컨티넨탈 싱어즈의 지휘자로, CCC음악협동간사로 알곡의 자리를 매김하고 있다. 그렇게 팀사역의 자리를 이끌고 있던 그때, 아니 그전. 그이의 능력을, 삶을 인정한 사람들은 솔로 앨범을 권유했다. 물 흐르듯이 흐른 자리. 피한 것도 선택한 것도

물 흐르듯 흘러간 그 자리

아닌 자리에 어느날 문득 돌아보니 서 있었다.

긴 눈물로 밤을 지새운 사건. 몹시도 춥던 날, 눈보라 속에서 당한 교통사고로 여동생의 죽음을 받아들여야 했던 것. 번민의 시간들을 조용히 잠재울 수 있었던 것은, 오직 예수 그리스도 때문이었다.

"'영원한 사귐'에서 하고 싶은 말은, 우리 안에의 사귐입니다. 크리스천과 비크리스천의 소중한 사귐. 그리고 우리 안의 진정한 사귐을 이야기하고 있지요."

■ 긴 눈물로 밤을 지새운 사건

젊은 날의 삶의 속내가 진하게 다가온다. 끓고 있는 커피의 향내가 가슴 깊이 남듯 그렇게. 한바탕 쏟아져 나오는 건물 안의 사람들이 또 다시 길에 뒤범벅이 된다. 뒤범벅이 된 길가에 그이는 시선을 두며 말한다.

살아가는 이 시대에 솔직한 호흡을 나누고 싶다고. 경험한 것, 깨달은 것을 향기로운 재물로 올리고 싶다고. 집회가 있는 그 자리에 '힘'이 되길 원한다. 자신의 노래를 듣는 청소년들에게. 자신의 몸짓을 따라 하는 노인들에게. 섬김의 자리 그 자리에 힘이 되길 원한다.

물론 한계는 있다. 수많은 말들과 예화들 속에 힘을 찾는 것. 힘을 줄 수 있는 것의 한계. 상황마다 자리마다 다른 구수한 애기 거리를 준비하는 자세. 성실함과 철저함을 배제시킬 수 없다.

"할 애기가 있어 노래를 하는 것이지요." 노래를 하기 위해 노래를 하는 것과는 큰 차이가 있다는 관점.

소위 세상으로 잘 나가는 대학의 경영학과를 졸업했다. 물 흐르듯이 노래를 하리라 결심했을 때 앞으로의 삶을 스스로 훈련했다. 하나님의 든든한 배경을 업고 집으로부터의 재정적 지원을 전면 거부(?)했다.

집세가 오만 원이면 한 달의 끝무렵 오만원은 주머니안에 들어있었다. 딱딱 알맞게 채워주시는 소소한 경험을 수도 없이 했다. 팀으로 활동할 때 수천만원의 기자재도 살 수 있는 능력을 채워주셨다. '염려'라는 속앓이를 하지않아도 될 만큼 그분은 부어 주셨다.

집회의 많고 적음이 찬양사역의 인기도를 설명하는 것 아니냐는 질문. 단호히 고개를 가로젓는 그이의 생각은 "집회의 많고 적음은 큰 문제가 되지 않습니다. 이 시대를 살아가는 우리들에게 얼마나 '좋은 영향력'을 끼치느냐가 문제이지요." 예수의 공생애가 3년이었듯이 그이도 3년간의 적극적인 활동을 검토하고 있다. 그렇듯 예수의 자리를 닮길 원한다.

■ 예수의 자리 닮길 원해

최초의 솔로 앨범을 내기까지의 기간이 6년. 쉼·배움·뜀이라는 제목중에 다시금 배움에 포인트를 두는 열의. 우리의 얘기가 우리안에 그대로 머물지 않고, 밖으로 흐르기를 바라는 간절한 소망.

그 소망이 거리의 사람들 속으로 폴폴 날아간다. 햇살의 줄기를 타고.

비 / 전 / 을 / 품 / 은 / 사 / 람 / 들

The·Man·who·has·Vision·for·God

짙섭식옥봉관라단의 선임년

원민정석순애요문하재진

아서김김장홍이박조이김김

열정을 가진 자의 뜨거운 행보(行步)

아세아연합신학대학원 석사과정, **아짇** 씨

수도: 콜롬보, 주요 언어: 싱할리어, 타밀어, 종교: 불교, 힌두교.

중부 고지에서 재배되는 차가 주요 수출품이고 보다 낮은 지역에서 생산되는 고무와 코코넛도 중요한 외화 획득원이다.

수박 겉핥기 식으로 들여다 본 나라는 다름 아닌 스리랑카(Sri Lanka).

홍차와 불교의 나라라는 간단한 수식어로 더 친근하게 느낄 수 있는 스리랑카는 아직은 멀게만 느껴지는 나라이기도 하다. 그러나 '세계는 하나'라는 표어가 실감나는 작금의 시대에 걸맞게 스리랑카는 서서히 우리와의 간격을 좁히고 있는 나라이기도 하다.

아세아연합신학대학교(총장·한철하·경기도 양평군 옥천면)에는 얼굴색이 다른 낯선 이들의 발걸음이 전혀 낯설지 않은 곳이다. 아시아에 속해 있는 나라의 사람이면 어느 누구보다도 자유롭게 공부를 할 수 있는 환경 덕분에, 각 나라의 독특한 의상을 입은 학생들을 쉽게 만날 수 있는 곳이다. 때론 모든 찬송가를 자기네 음악적 감각으로 부르는 경우가 있어 웃음을 자아

낼 때도 있다.

아시아에서 유일하게 전 수업을 영어로 하고 있는 아세아연합신학대학원은 일찌감치 우수한 학교로 인정받았다. '국제신학대학연맹'에서 학위를 인정하는 권위 있는 대학원 과정은, 그래서 신학을 연구하길 원하는 아시아인의 발걸음이 꾸준하다.

외국인학생모임(OSA)의 부회장을 맡고 있는 아짙(AjithC. Thomas Raj·31) 씨도 예외는 아니다. 8년간 신학공부를 하고 있는 그의 집념은 대단하다. 타지 생활 4년째로 접어들지만 훌륭한 종교 지도자가 되기 위해 투자하는 시간을 오히려 감사하고 있다.

■ 8년간 신학공부, 훌륭한 지도자가 되기 위해

불교 나라에서 그의 가정은 아주 오래 전부터 기독교를 받아들였다. 불교 나라라지만 스리랑카는 종교의 자유를 인정하는 나라이다. 크리스천이라 큰 불편은 없지만 아무래도 행동거지는 조심해야 한다는 것이 그의 충고다. 불편한 점이 없을 리 없지만, 약간의 박해는 감수해야 하는 실정이라고. 그래도 신학대학(성서대학)이 있을 정도면 확연히 달라진 실정인 것을 알 수 있다.

그이는 성서대학에서 신학을 전공했다. 그리고 인도로 가서 석사과정 2년을 밟았다. 그리고 본국의 성서대학에서 1년간 학생들을 가르쳤다. 끝없는 탐구의 갈망은 간절했고 성서대학장의 추천으로 아세아연합신학대학원을 알게 되었다.

학비가 전액 면제되는 좋은 조건 때문에 입학 절차는 까다롭

비전을 품은 사람들

다. 그이는 우수한 성적으로 우리 나라로 유학을 왔다. 타지에
적응이 빠른 덕택에 한국 학생들과의 유대 관계는 원만하다.
한국 학생들과의 만남이 무엇보다 좋은 걸까. '좋다'는 말을 연
발하는걸 보니.

  다시 석사과정을 밟고 있다. 전공은 구약. 이번이 마지막 학기
라서 그런지 이미 본국에서는 세 곳의 학교가 그에게 청빙 요청
을 했다. 기회가 된다면 또다른 나라에서 박사과정을 밟을 예정
이다. 이렇게 된 연유에는 CCC활동이 큰 영향을 미쳤다. 여기
이 자리까지 서게 되리라는 꿈을 키워 본 적은 없었는데….

  "20세 초반에 CCC활동을 하게 되었지요. 삼촌의 소개로 만
나 본 CCC는 저에게 새로운 도전과 잠재되어 있는 능력을 깨
우치더군요. 활동을 하면서 성경에 대한 지식이 필요했습니다.
서서히 저에 대한 입지를 굳힐 계기가 주어지더군요. 더 큰 것
은 이미 계획된 자리에 제가 따라야 한다는 것이었는지도 모릅
니다."

  스리랑카에서는 종교 지도자, 성직자는 상(high)층에 속한다.
부모님은 목자의 길에 대해 그저 찬사만 보낼 뿐이라고. 하나
님 일을 한다는 것에 큰 긍지를 갖고 있는 어머니의 기도가 아
주 큰 힘이 되고 있다.

■ 기독교 문서·정보센터 세우는데 큰 비전을 갖고

  한국 생활 2년째, 한국에 와서 고국은 한 번도 가지 못했다.

열정을 가진 자의 뜨거운 행보

재정적으로 항공편을 이용할 형편이 안되기 때문이다. 학비는
장학금으로 충당하지만 그 이외의 것은 외국인 신학생을 후원
하는 교회에서 보조를 받고 있다. 시간을 쪼개서 관광해 본 곳
이 별로 없다. 인상에 남는 곳은 남원의 광한루라고. 문화의 보
존에 경의를 표할 정도라니. 그리고 가장 인상 깊은 것은 한국
의 경로사상이다.

한국의 기독 젊은이에 대한 생각을 물어 봤다.

"온전히 헌신된 사람이 아직까지는 많지 않은 것 같습니다.
잠재력은 우수하지만 문화라는 분위기에 휩싸여 창조성을 맘
껏 발휘하지 못하는 모습이 안타깝고요. 정열적으로 활동하는
기독 젊은이들을 만날 때는 많은 일들을 할 수 있으리라는 기
대도 가집니다. 어느 지역에 국한되지 말고 폭넓은 사고로 스
스로의 훈련을 열심히 다졌으면 더욱 좋겠습니다."

방향성 있는, 목적의식이 뚜렷한 길로 가길 바라는 그이는 힘
들여서 열심히 공부하는 학생들에게는 아낌없는 경의를 표한다.
앞으로 기독교 문서·정보센터를 세우는데 비전을 갖고 있다.
하고 싶은 일들이 너무 많은 탓에 아직은 혼자이지만 곧 본국
으로 돌아가면 가정도 꾸릴 계획이다.
홍차를 좋아하는 사람 아질 씨. 남다른 열정으로 하나님 일하
는 그에게 큰 힘이 함께 하길 바란다.

나 호흡하는 동안에 …

세상에서의 화려함, 유명세. 어느 순간 '세상 사람들을 웃기는 허탈함'은 그만 접어 두기로 한다. 그리고 그 다음 장을 펼쳐 본다. 또렷이 그려진 앞으로의 길. 어느새 하나님은 이곳에까지 그를 예비해 놓으셨다.

재치와 즐거움을 생명을 불어넣는데 요긴하게 써 보라는 것. 지치고 힘든 이들에게 환한 웃음을 주라는 것. 그리고 뜨거운 주의 사랑을 전하라는 것. 세상 속의 개그맨 서원섭(33·공항감리교회) 집사가 받은 하나님의 명령은 이렇게 시작된다. 소탈한 웃음. 인기를 누리던 세상적인 개그맨은 꼬리를 감추고 만다.

■ '세상 사람들을 웃기는 허탈함'

한때 코미디 프로그램 중에서 독보적인 자리를 차지하던 '봉숭아 학당', '벌레들의 합창'을 기억하지 못하는 이는 없을 것이다. 언제나 정해진 시간에 TV를 켜면, 어김없이 시청자들에게 웃음을 불러 일으켰다.

그이도 언제나 세상을 웃길 준비를 하고 있어야 했다. 그 일이 끝나면 밤무대(나이트클럽)로 향했다. 몇 백 평되는 넓은 무대 위에서 그이는 가지고 있는 끼를 맘껏 발휘했다. 한순간 밀려오는 허탈감이 그를 걷잡을 수 없이 만들었다.

개그계에 몸담은지 어느덧 10년. KBS 코미디 탤런트 1기로 첫발을 내디뎌 많은 후배들을 거느린 대선배. 모태신앙이면서도 한동안 주를 멀리했던 그이 앞에 하나님은 기다리셨다는 듯 나타나셨다.

"그때가 3년 전이네요. 노름에 빠져서 이틀 밤을 꼬박 샜는데 혈압이 마구 올라가더군요. 결국은 쓰러졌습니다. 응급실로 향했고 위험한 상황을 넘긴 그때 하나님을 다시 만났습니다."

그이를 다시 만날 수 있는 곳은 극동방송이다. 언젠가부터 TV에서는 잘 볼 수 없었던 모습이 이젠 목소리가 되어 우리들 곁을 찾아왔다. 장애인 프로그램 '참 좋은 내 친구'와 생방송으로 진행되는 교회탐방 '우리 교회 좋은 교회'는 어디를 불문하고 두발 벗고 찾아간다.

세상 속에는 많은 이들이 부대끼며 살아간다. 한동안은 한 곳만을 보고 살았다. 화려함과 현란함이 교차했던 그런 곳. 그래서 다른 한 면은 보지 못했다. 아픔과 고통을 알아야겠다는 절실함.

장애인들의 아픔을 나누고 싶다. 절절히 느껴지는 느낌을 그대로 안고 싶다는 그이. 예전의 허탈함은 찾아 볼 수가 없다. 돈으로도 살 수 없는 보람을 매일 한아름 안으며 산다. 이것이 진정 사는 것은 아닐까 하는 생각.

비전을 품은 사람들

■ 예수 믿으면 사람이 변한다더니

예수 믿으면 사람이 변한다더니 요즘은 실감이 납니다. 인기가 인생의 전부가 아니라는 것을 깨닫는 것이 그렇고 하루, 아니 한 달의 스케줄을 보면 개인의 일을 쓰는 시간보다 하나님의 일로 쓰는 시간이 많은 것이 그렇고, 세상의 친구보다 주님 안에서 만난 형제, 자매가 더 사랑스럽고 정이 가는 것이 그렇고…."

30대에게 힘을 주고 싶다. 그래서 1집을 내놓았다. 사랑과 위로를 함께 담아.

통기타 가수 생활을 했었다는 것 사람들은 알까. 또다른 달란트가 발동하기 시작했다. 하나님을 만난 그때 번뜩 떠오른 것이 있다. '찬양을 하자'라는 마음 깊은 곳에 자리 잡았던 생각이 중심을 차지하기 시작했다. 어제 레코드점에 출고되기 시작했다며 선뜻 내미는 테이프를 받아 쥔다. 막쪄낸 찐빵같이….

"첫 판입니다. 처음부터 30대를 겨냥했지요. 30, 40대가 우리 사회에서 중요한 위치입니다. 그들에게 힘을 주고 싶어요. 하나님의 사랑과 위로를 가득 담아서 말입니다."

잘 만들고 싶었다. 혹 지나치다 손에 들려진 테이프라도 오래도록 손에서 떠나지 않는, 마음에 오래도록 머무르는 그런 찬양을 멋들어지게 하고 싶다.

주위에서 너무 많은 분들이 도움을 주셨다며, 감사의 향내를
끊이지 않는 겸손함에 매료되고 마는데….

■ 목소리가 되어 찾아오다

유럽 4개국, 미국, 필리핀, 말레이시아에 찬양사역을 다니면
서 많은 것을 느끼고 돌아왔다. 그들의 자유스러움, 청소년들을
교회로 끌어들이는 독특한 리듬이 어우러진다. 교회를 떠나기
보다는 오히려 안으로 들어오고 있다. 아직까지 한국교회에서
는 부족하다는 느낌이 든다.

"세상 음악을 하던 실력 좋은 팀들이 믿음의 사람으로 돌아
온 사람이 많지요. 그들과 새로운 형태의 경배 콘서트를 계획
하고 있습니다. 그러기 위해서는 뜻을 같이하는 동역자가 필요
합니다."

항상 꽉 찬 느낌보다는 부족하다는 느낌이 많다. 세상 음악으
로 빠지지 않기 위해서 더 깊이 가스펠을 공부하고 싶다. 기독
교의 문화공간을 더 넓혀야겠다는 생각. 미국 집회를 갔다 오
는 길에 LA음악학교를 눈여겨봐 두었다. 하나님의 허락이 떨
어지면 곧바로 떠날 계획이다.

밤무대에 출현한다는 포스터가 여기저기 나붙어 있었다. 세
상 사람들은 그를 보기 위해 밤무대로 몰려갔다. 간증 집회를

비전을 품은 사람들

한다는 포스터가 교회 앞에 붙기 시작했다. 사람들은 고개를
갸웃거렸다. 그가 왜 거기에 나오냐고.
　한 빈 돌이보면 안디. 그이가 왜 교회에 있는지를…

'떠날 준비'와 '버릴 준비'

소라기획, 김민식 집사

소 한 마리를 잡으면 절대 버릴 것이 없다고 한다. 심지어 꼬리까지 요긴하게 쓰일 수가 있다. 하나님은 비단 소에게만 이런 요긴함을 베풀지 않으셨다. 혹, 그럼 이 사람에게 하나님은 그 모든 달란트를 부여하신 것은 아닐까.

소라기획, 홀리스튜디오 대표, 방송인, 작사·작곡가, 복음성가 가수, 그리고 작가. 언뜻 떠올려 볼 수 있는 인물을 찾기란 쉬운 일이 아니다. 그렇다고 전혀 낯선 인물을 지적하는 것은 더더욱 아니다.

한때 TV드라마 '고교생 일기'에서 음악 선생님으로 2년여 동안 TV 브라운관을 채운 사람. 코카콜라, 빙그레 CF에도 출연했고, '나의 사람아'로 가요계에 데뷔, 인기 차트 3위까지 오른 이 사람.

한때 잘 나가던 미남 가수 김민식(41) 집사를 만날 수 있는 곳은 교회 집회장. 기타를 들고 찬양을 인도하는 그의 모습은 이미 은혜 속에 푹 빠져 버린 상태였다. 그래서였다. 어느 순간 TV에서 그이를 만날 수 없었던 이유가.

■ TV를 통해 세상에 신고

한꺼번에 몰아치는 인기들이 피부에 와 닿지 않았다. 그렇다고 신앙심으로 거부한 것도 아닌데 연예인이라는 생활에 푹 빠질 수가 없었다. 부흥회 특송을 하면서 휘몰아치듯 다가오는 영적 체험을 하였다. 긴박하게 부어 주시는 은혜를 그이는 눈물을 흘리며 받았다.

"아이들이 더러운 것을 만지려 하면, 어머니는 '지지'하면서 못 만지게 하지요. 제가 한동안 세상에서의 화려함을 쫓아 행하려 할 때 하나님은 '지지'하시면서 그곳에서 멀리 떠나게 하신 것 같습니다."

사랑하는 사람을 그냥 두지 않으시고 반드시 간섭하신다고 말하는 그이. 그이가 받은 하나님의 사랑은 얼마나 큰 것일까. 강원도 춘천이 고향, 세상은 그이의 가정을 외면해 버린 것처럼 극도의 가난과 고통만을 안겨 주었다. 항상 부모님의 불화를 가슴에 새겨야 했고, 그로 인해 스스로의 영혼을 폐쇄시키고 말았다. 사람과의 관계를 이끌어 가는 것도 싫고, 그동안의 삶의 흔적들을 지울 수 있다면 마구 마구 지우고 싶었다. 늘 마음속에는 쉼이 없었고 불안과 아픔만이 가득했다. 비뚤어진 마음. 너무 가난해서 정말 '그림같이 가난'해서 통기타 하나만을 들고 생각은 하나, 돈을 벌어야 했다.

"진짜 자유를 만난 것은 예수를 믿은지 10여 년이 지난 후였습니다. 그동안의 막혔던 그 무언가가 뻥 뚫리는 기분이었으니까요. 주님과의 관계에서 조용히 달이 커지듯, 꽃이 피듯 저의 마음은 주님의 일로 그렇게 가득 부풀었습니다.

■ 그림 같은 가난

분모는 찬양이고 분자는 무수하다. 찬양에 관한 어떤 일이든 그이는 서두를 꺼내지 않는다. 언제나 본론만이 있을 뿐이다.

빽빽한 스케줄, 한 달이 30일이라면 그 한 달이 전부 집회의 날들이다. 자신을 위한 시간, 하나의 공간도 허락되어 있지 않다. 피곤한 줄 모르고 달려온 시간, 은혜로 체질이 강화되어 든든한 밑천을 돈 안들이고 가진 셈이다.

언제나 그이가 가는 곳은 축복의 자리다. 좋은 소식을 가지고 가는 앵커맨, 그래서 찬양과 감사와 행복을 전하는 일에 한치의 양보도 허락지 않는다. 사람을 만나는 일, 피곤과 고통이 아니라, 기쁨과 싱싱함만이 있을 뿐이다.

"집회를 감당하면서 굉장히 싱싱해지는 느낌을 받습니다. 말로 표현할 수 없는 그 무엇을 어떻게 표현할까요. 한 집회가 끝난 뒤 주님께 묻습니다. '다음은 어떤 일입니까'라고요."

가정에서도 최선을 다한다. 힘들고 지쳐 있으리라 믿은 육신과 정신이 아이들을 위해 다시 활력을 찾는 것이다. "필요한 게 뭐냐, 내가 어떻게 해 줄까."

크리스천은 모두가 주연이다. 조연은 없다. 다만 그 가치를

비전을 품은 사람들

스스로가 모를 뿐이다. 복음 전하는 일, '이 땅의 스타는 한 영혼을 살리는 것'이다. 그래서 그이는 말한다. 이 땅의 진정한 스타는 바로 당신이라고.

■ 크리스천은 모두가 주연

소라기획, 그이는 기업체 사가(社歌)를 작사, 작곡한다. 기업에 은혜와 축복을 아낌없이 불어넣는 일, 10년 동안 4백여 편을 만들었다. 힘이 될 수 있는 든든한 사업을 하나님은 그에게 허락하신 것이다.

외부에 언제나 공개되어 있는 홀리스튜디오, 신앙인 전문 녹음실 또한 기독교계에 많은 변화를 가져왔다.

믿음의 생활화, 찬양의 성격화, 행복의 습관화, '미쳐야 미친다'라고 한다. 그이는 한마디로 신앙생활 안에서 미친(?) 사람이다.

"살면서 힘들고, 괴롭고, 지친 이라면 어쩜 스스로가 그렇게 만든 것인지도 모릅니다. 믿음의 욕구가 벌써 종착역에 가 있어 그렇게 되길 욕심을 탐욕으로 바라는 것이니까요."

'떠날 준비'와 '버릴 준비', 이대로 결론 같은 마음을 가지고 산다면 자신도 모르는 사이에 행복이 습관화 되어 버린다고 말한다.

찬양의 진정한 상황은 그 영혼과 마음이 하나님께 그대로 투영되는 것이다. 한 영혼에게 찬양을 심어 주는 것, 극히 값진 진주를 찾는 일이라고 말한다.

진주를 찾으러 떠나는 사람의 뒷모습, 그 사람의 뒤를 무작정 따르고 싶다.

비전을 품은 사람들

"후배 양성이 시급합니다"

샬롬무용선교단, 김정옥 전도사

재주.

사람들은 '재주'에 대하여 한마디로 타고난 '끼'라고 말한다. 재주 많은 사람, 그들은 언제나 바쁘다. 어딜 가나 그들의 손길은 분주히 움직여야 하고, 이끌어 가는 자리에 서게 된다.

크리스천이라면 교회에서 한 가지씩의 직분과 봉사 분야를 맡고 있다. 집사, 장로, 주일학교 교사, 성가대 대원으로 교회의 소중한 일꾼들이다. 이들의 공통분모는 모두 재주를 가진 사람이라는 것. 김정옥(55·낙원교회) 전도사. 재주라는 테마 앞에 결코 빼놓을 수 없는 사람이다.

미용실 경영 10년의 웬만한 헤어 패션은 주도하고도 남을 만하고, 에어로빅 강사 11년, 어느새 사람들의 몸짓에서 그들의 건강 상태를 간파하고도 남는다. 유치원 경영 3년, 아이들은 언제나 그이 곁에 분신과도 같은 존재이고, 15년 동안 하고 있는 태권도는 그이의 온갖 재주가 최종의 분모로 이끌어낸 '선교무용'으로 자리잡았다.

■ 재주를 가진 사람

'샬롬무용선교단'의 창단.

있는 재주를 혼자만 간직해서는 안되겠다는 생각. '세상과 더불어 온몸으로 예배를 드려야 한다는 간절한 소망을 이루고 싶다'는 마음 깊은 곳의 울림이 그의 몸을 흔들어 깨웠다.

율동이라는 것이 주일학교의 어린이들에게만 예배의 소도구로 사용되는 것이 안타까웠다. 터부시되는 듯한 모양새가 영 씁쓸함으로 내내 남아 있었다. 무슨 찬양이든 듣자마자 안무가 눈에 선연히 떠오르는 것을 그냥 둘 수가 없었다. 수동적으로 자리에 앉아 입으로만 드리는 찬양을, 옛부터 내려오는 알 수 없는 관례를 깨우쳐야만 한다는 생각이 언제나 머리에 맴돌았다.

몸소리 찬양의 개척자.

처음부터 대상자는 노인을 택했다. 노인선교사업을 시작한지 어느덧 15년째로 접어든다. 노인복지문제의 시급함과 갈 곳 없는 이들의 외로움을 나누어야 한다는 당연함이 노인에게로 자연스레 다가가게 만들었다.

"노인분들이 한 번 모였다 하면 3, 4백 명씩 모입니다. 선교를 하려면 부드럽게 다가가야 합니다. 말씀은 재미있는 동화식으로 해야 하지요. 기도하지 않던 노인분들이 어느새 끝나 갈 무렵에는 모두 두 손을 모으는 겁니다."

샬롬노인대학의 학장, 샬롬무용선교단의 단장, 몸찬양율동연구원 원장 등 여러 개의 직함을 두고 그는 유독 전도사라는 뒤늦게 가지게 된 이 직함에 가장 애착을 둔다. 늦깎이 신학생. 그는 50이라는 나이에 신학을 했다. 끊임없이 주어지는 연단은 늦은 나이에도 무릎을 꿇게 했다. 그냥 평범한 여인의 모습을 그에게서 그려본다는 것은 불가능한 일일까.

미용사에서 에어로빅 강사로 유치원 원장으로 쉼 없이 달려온 시간. 재주가 많아시, 그래서 집안에만 앉아 있을 수 없었던 김 전도사. 한동안 세상일을 한다고 너무나도 바빴다. 물론 교회에서의 봉사와 헌신은 둘째가라면 서러워할 정도로 열심이었다.

제 1회 전국 몸찬양 경연대회에서 '좋은 일이 있으리라'로 은상을 수상했다.

주일학교 부장을 35년 동안 맡았다. 여전도회 연합회 일을 20년동안 집안 일인양 모든 일을 제쳐두고라도 발벗고 나섰다. 그런데 이런 모양새가 하나님 보시기에는 부족한 면이 있었나 보다.

그때가 언제였나. '주님의 일만 하면서 살게 해 달라'던 소녀의 기도를 하나님은 기억하고 계셨던 것이다. 하나님의 계산과 자신과의 계산이 천지 차이라는 것을 알았을 때 그는 곧바로 투입되었다. 재주가 많은 사람, 찬양무용에 탁월한 두각을 나타

"후배 양성이 시급합니다"

냈다.

■ 찬양무용에 탁월한 두각

뜨거운 영감으로 가득한 그이의 무용을 보았던 이라면 그냥 지나치지 않는다. 여기저기서 이어지는 안무의 부탁.

"지난 8월 임진각에서 '남북통일희년예배'에 초청되어 갔지요. '우리의 소원은 통일' 노래를 가지고 즉석에서 안무를 해 달라는 부탁을 받았습니다. 반응 또한 대단했지요. 똑같은 무용을 10번 이상 했습니다."

모아지는 시선. 그리고 이어지는 관심에 더욱 힘을 얻었다. 배우려는 이들의 발길이 이어지지만 딱히 그들을 모아 놓고 가르칠 만한 장소가 없다. 장소를 찾아다니기 위해 언제나 보따리 쌀 준비를 해 놓고 시작해야 하는 설움이 문득문득 찾아 들 때가 있다.

한 해 한 해 나이가 들 때마다 후배 양성이 절실하다는 것을 잘 알고 있지만, 마음놓고 무용을 할 장소가 허락되어 있지 않다.

"욕심일지 모르지만 찬양율동대학과 노인선교대학을 위해서 기도 중에 있습니다. 널리 전해야 할 찬양무용을 장소가 없어 이대로 묶어 두고 싶지는 않습니다. 혹 기회가 된다면 뜻있는 크리스천들의 생각이 모아졌으면 합니다."

비전을 품은 사람들

아골 골짜기라도 두려워하지 않고 집회를 인도하러 간다는 사명감. 재주 많은 한 여인의 종착역은 온전히 주의 일하는 그 자리에 머무르고 있다.

시뿐사뿐 날개짓을 하는 그이의 자태는 흡사 바람에 하늘거리는 한 송이 꽃 같다.

"후배 양성이 시급합니다"

무대 위의 거지, 그 거지의 타령

연극배우 장석봉 집사의 인생

어린이 무지컬 라이온 킹을 복음적으로 각색, 95년 어린이날 인천 종합예술회관에서 공연을 가졌다.

한 거지가 무대 위에 섰다. 동냥을 요구하는 것도, 그렇다고 정신나가 히죽대고 웃기만 하는 것도 아니다. 모양새는 거지인데 말하는 것은 청산유수(靑山流水)다. 걸죽하니 말 잘하는 만담가 거지. 그 거지가 오늘은 타령을 부르고 재즈를 부른다. 얼씨구나! 절로 흥이 난다. 할 얘기를 줄줄이 하는 걸 보니 그동안 하고 싶었던 얘기가 많았던가 보다.

주제 또한 주제넘게(?) 복음이다. 거지가 복음을 들고나섰다. 오죽했으면….

장석봉(34·원당감리교회) 집사가 무대에 서는 날은 관객은 혼동한다. '진짜 거지 아냐?' '그런데 왜 그리 말을 잘하노' 여기저기서 터지는 환호와 박수 그리고 웃음. 한 시간 반 동안 장 집사의 모노드라마는 관객의 시선을 절대로 놓치지 않는다. 관객은 웃는데 정작 당사자는 울고 있다. 공연할 때마다 더 터져

비전을 품은 사람들

버리는 눈물샘은 항상 그이를 촉촉하게 만든다.

■ 거지가 복음을 들고 무대에

연극배우 장석봉. 그이의 경력은 화려하다. 87년 'KBS 신인무대' 연기부문 최우수상. 88년 '쇼스타 출발' 연기부문 금상 수상. 굵직굵직한 상패를 거머쥐고 당당히 연기 생활을 시작했다. 모든 스포트라이트가 그이에게 모아지는 날들. 자신도 모르는 사이에 교만과 아집, 자신만을 아는 자아가 강해졌다. 어느새 하나님은 뒷전으로 팽개(?)쳤다.

초등학교 5학년 때 아름답게 받아들인 신앙이 서서히 무너지기 시작했다. 막연하게 떠오른 예수의 느낌은 아름다움이었는데. 그런데 그 아름다운 품안을 나 몰라라 한 때가 있었다. 예수가 준 달란트를 엉뚱한 데 쏟아 부었다. 그러던 90년 하나님은 그를 쳤다. 폐결핵. 서서히 몸은 세상일을 할 수 없을 만큼 약해졌다. 그때서야 '번뜩'하고 정신을 차렸다.

"열흘간의 뜨거운 금식 기도를 드렸습니다. 주님은 저에게 다시 한 번 기회를 주시더군요. 깨달음에 대한 응답인 것 같습니다. 그리고 펜을 들었지요. 늦은 밤 11시부터 다음날 새벽 6시까지 써 내려간 글이 '사도 각선생'이었습니다."

최장기 모노드라마 사도 각선생.
90년에 시작, 지금에 이르기까지 6백여 회 공연을 했다. 첫 공연지는 농아인 교회. 놀랍게도 공연을 보고 있던 아이가 듣고

무대 위의 거지, 그 거지의 타령

말을 하는 것이 아닌가. 공연을 보고 있던 무당이 예수를 영접했다. 믿을 수 없는 일이 여기저기서 일어났다. 그렇게 치신 하나님은 다시 그이를 들어 쓰셨다.

철칙이 있다. 공연을 하기 전 3시간은 무슨 일이 있어도 기도를 해야 한다. 충분한 기도만이 최상의 공연을 이끌어 낼 수 있다.

96년, 세상 화면에 다시 얼굴을 내밀었다. 위험하게도 '싸우기' 위함이다. 대중문화와의 전쟁을 선포한다. 기독문화와 대중문화와의 정면 대결. 결론, 당연히 기독문화의 승리를 장담한다.

■ 충분한 기도가 최상의 공연을

기독종합문화기획 J·World (대표·차용운 실장)가 탄생되었음을 알린다. 싸우자면 든든한 부대 또한 거느려야 한다. 그이는 J·World의 감독이다. 세롭게 시작된 크리스천 종합문화공연 '주의 땅 위에서'의 총감독을 맡았다. 여덟 가지의 공연이 차례로 무대에 오른다. 한 공연에 한 사람만을 구원한다는 목표. '한 영혼이 천하보다 귀하다'는 말씀을 적용시킨다.

프로급 전문가들이 동역하고 있다. 음악, 조명, 댄스, 분장 등 풀타임 사역자가 언제든 준비하고 있다. 이름하여 전문기획 특공대. 최상의 공연을 할 수 있도록 도와주겠다는 고마움. 어느 곳에서든지. 그런데 정작 J·world는 가난하다. 사역자들이 가져갈 넉넉한 몫이 없다. 물질적인 욕심을 내려놓은지 오래. 평화로운 그들의 마음에 세상 때문은 이가 고개를 떨군다.

"기독문화를 보면 안일함에 빠져 있는 것 같습니다. 이 정도면 되겠지라는 대충주의가 첨단의 대중 문화를 따라가지 못하는 것이지요. 하나님은 천지를 창조하실 때 완벽힌 준비를 하셨지요. 천지를 창조할 수 있을 만한 정성이 깃들어야 합니다."

제 1회 어린이창작복음성가대회 총연출을 맡았다. 한 주의 집회 또한 만만치 않게 짜여 있다. 이렇다보니 한 달에 집에 들어가는 날이 손꼽아 일주일. 들어가는 날도 새벽 2, 3시경에나 초인종을 누른다. 아내에게는 언제나 하숙생 처지로 전락하고 만다. 너무 미안한 나머지 인사가 "하숙하러 왔습니다."이다. 생활의 빈곤함으로 지칠 때가 있다. 그때마다, 다툼이 있을 때마다 부부 안에서는 기도가 먼저 나온다. 마주 잡은 손이 가장 아름다워 보일 때이다.

이 길로 접어 섰을 때 딱 한 번 후회라는 걸 했다. 작품에 꼭 필요한 장비를 돈이 없어 구하지 못할 때였다. 복음적인 시각 효과를 최대한 올릴 수 있는 그 장비를, 빈 주머니 때문에 구하지 못했다. 그때만큼 가슴 아픈 적이 없다. 울기도 많이 울었다.

이야기가 끝날 즈음, 그는 두 손을 불끈 쥔다. 대중문화와 피터지게 싸워 보자는 다짐. 미소와 엇갈린 그 다짐이 참 고·맙·다.

무대 위의 거지, 그 거지의 타령

'마른 이에겐 적심을, 젖은 이에겐 말림을'

착한 노래 부르는 홍순관 집사

참 좋다.

봄 하늘 아래 개나리가 방긋 웃는, 그래서 아지랑이에 졸리운 것 같은 날처럼 평화롭다. 가을 햇살 아래 코스모스가 하늘거리는 것 마냥 그래서 풍작을 알리는 풍악 같은 풍요가 참 좋다.

홍순관(34·아름다운 교회) 집사의 노래를 듣고 있노라면 황금 들녘에 나와 있는 것 마냥 절로 흥에 겹다. 어깨춤이라도 들썩거려야만 될 것 같은 장단, 그리고 노랫말. 눈물이 사무치도록, 맑은 웃음이 사무치도록 아름다운 시에 곡을 붙인 '새의 날개' 음반은 한마디로 '참 좋다'는 찬사만이 가득해야 될 것 같다.

■ '하늘의 노래' '착한 노래'

미대 졸업반. 졸업작품전에 그이는 신라토우(土偶)를 만들었다. 신라시대 서민들이 하늘을 향해 기도했던 간절한 마음을 조각으로 나타냈지만, 그 뜻을, 그 마음을 이해하는 이는 아무도 없었다. '하나님께서 주신 처음의 마음을 회복시키려는 생각'이 생각으로만 머무를 수밖에 없었던 그때. 열심히 했던 미술. 나타내어진 현상을 있는 그대로 이해하지 못한다면 차라리 금방 알아 들을 수 있는 노래를 하자라는 이유를 가지고 노래를 했다. 단순한 이유였다.

　열한 살 때 집 대문 안으로 날아든 전도지에 이끌려 교회를 나갔다. 아름다운 만남이라고 술회하는 그이. 얼한 살의 모습을 아직도 간직한 그의 선한 눈 안에는 그때의 모습이 또렷하다. 신과 우주·자연과 사랑이 집안 가득했던 어린 시절, 할아버지 같은 나이의 아버지는 막내아들 순관이를 끔찍이도 사랑했다. 붓글씨를 쓰시는 아버지에게는 언제나 먹 향기가 났고, 골동품을 닦으며 아침 산보를 하며 소년기와 청년기를 보냈다. 어린 시절의 향수가 자라면서 그대로 정서로 자리잡았다. 그래서 그이의 노래에는 우리 민족의 정서가 그대로 담겨있다. 아주 자연스럽게….

이 땅의 교회 안에 큰 호응을 기대하며….

　"아버지께서 늘 가르쳐 주신 것 중에 '네가 걸으면 신도 따라 걷는다'는 말씀을 하셨습니다. 스스로 자부할 수 있을 만큼 성실하게 살았습니다. 하루하루의 일상을 알차게 채웠지요. 일상 속에서 주님을 만났고요."

　그냥 무심코 넘겨도 될 일상을 그이는 굳이 강조한다. 일상의 중요함을 그리고 생경함을.

그이를 소개하는 수식어는 많다. 가수, 무대 미술가, MC, 뮤지컬 배우, 기획자. 굵직굵직한 공연의 기획을 맡으면서 홍순관이라는 인물에 초점이 맞춰졌다. 작년 한 해 기획하고 참여했던 공연만해도 여러 가지. 한·일 한마당 희생자 돕기 콘서트, 'FAMINE24' 가스펠 콘서트, 착한 노래 만들기 콘서트, 맑은 누리 만들기 콘서트 등 한동안 진짜로 볼꺼리들을 무대에 올렸다.

또 하나 주목되는 공연은 매주 목요일 창천교회에서 진행되는 라이브콘서트 '문화쉼터'이다. 일상을 잘 지낸 이는 누구라도 환영이다. 교회라는 틀, 구시대의 방정식을 깨트렸다는 좋은 평판, 혹시하며 찾았던 이가 이젠 고정팬이 되어 목요일을 기다린다. 남녀노소, 종교를 불문하고 만나는 문화의 장. '복음'이라는 직접적인 단어 없이도 그이는 넉살 좋게 복음을 심고 있다. 마음의 고향을 만들어 줄 것이라는 야심찬 계획이 올 한해에도 계속 진행될 것이다.

또 하나의 일을 만들었다. '정신대 할머니 돕기 1백 교회 순회 가스펠 콘서트 대지의 눈물'을 시작한 것이다. 지난 12월 27일 사랑의 교회를 시작으로 출발을 했지만 반응은 그리 신통치가 않다. 몇 교회들이 관심을 가지고 일정을 잡았지만, 아직도 각 교회마다 공문을 보내는 데, 거는 전화마다 'NO'라는 단 한마디 뿐이다. 열리지 않는 묵직한 문들이 정말 안타깝다.

"정신대 할머니를 돕는다니까 정치적으로 생각하시는 분들이 많습니다. 50년 동안 아무런 말없이 스스로의 한을 삭히시는 할머니들은 현재 대부분 합병증을 앓고 계십니다. 더 이상 이대로 보고 있을 수 만은 없는 노릇인데요….”

어려운 상황, 열리지 않는 마음들. 빈손으로 시자한 콘서트가 1백 교회를 다 순회하고도 넘쳐 나면 좋으련만.

그이는 광야기획에서 ‘하늘의 이야기를 알리고, 세상과의 벽을 허무는 일’을 젊은이들과 함께 한다. 기독교 문화기획에 예전 모습과는 전혀 다른 기획을 창출해 내는 것이다. 잘 해보려는 마음이 모였지만, 세상은 그 뜻을 잘 모르는 것 같다. 항상 애타는 마음으로 교회를 향해 문을 두드린다. 솔직하게 힘들다고 말하는 홍 집사.

■ 노래는 ‘착한 노래’여야 한다

노래는 ‘착한 노래’여야 한다는 변함없는 지론. 다른이에게 ‘착함’이 되어야 한다는 것이 이다지도 중요한데…. 욕심일까. 착한노래를 많이 들었으면 좋겠다. 여러장의 착한노래를 발표했지만, 대중은 낯선지 쉽게 다가오질 못하고 있다.

기타와 피아노만 가지고도 무대를 꽉 채우는 그이. 천국의 자유가 춤추는 날, 그 축제에 우린 얼마나 동참할 수 있을 것인가.

‘… 젖은 이에겐 말림을’

찬양율동을 온 세계에, 이애라 목사

법대생이 무용을 천직으로 알고 살아간다면 이해가 될까! 법(法)과 무용. 아무리 살펴보아도 상관관계가 없는 테마를 굳이 끌어들이는 이유. 법을 전공했으나 무용을 전공한 이 못지 않게 삶이 무용으로 가득차 있어 그래서 무용으로 전공이 바뀐 사람. 어려서의 꿈은 외교관. 주저할 이유 없이 법대에 문을 두드린 이애라 목사의 이력은 이렇듯 다른 곳 다른 모습으로 시작되었다.

■ 다른 곳 다른 모습으로 시작되어

아직도 누구 못지 않은 젊음을 간직한 이 목사는 나이를 묻는 말에 장가갈 아들이 둘이라는 말로 일축한다. 나이를 굳이 셀 필요가 없어, 나이 드는 것 모르게 산다는 젊음. 노란 블라우스와 연두색 스커트가 아직도 환하게 어울리는 싱싱함을 간직하는 비결은, '천국 외교관'으로 바삐 활동하다 보니 늙을 틈도 없었다는 웃음이 그 답이다.

가야금, 피아노, 섹스폰 등 어려서부터 다뤄 보지 않은 악기가 없을 정도. 한국무용, 현대무용에 전공자 못지 않은 실력을 갖추었다. 법이라는 전공이 어색할 정도로 이 목사는 예능에 뛰어남을 나타내었다.

　물론 환경이 그렇게 가능하도록 만들었다. 밥 한 끼 제대로 먹고살기 힘든 때에 이렇듯 화려함을 갖출 수 있었다는 것은 집안의 뒷받침 때문이었다. 그래시 어려운 줄 모르고 세상을 살았다. 모태신앙인 이 목사에게는 뜨거운 체험보다는 잔잔한 신앙의 성장이 있었다.

　경희대 법대를 졸업했다. 법을 고집한 이유는 외교관이 되고 싶다는 생각 때문이었다. 그런데 생각보다 자신이 있어야 할 곳은 다른 곳에 자리했다. 이것도 하나님의 계획안에 자리했음을 안다. 그래서 불평하지 않는다. 사단법인 이애라 찬양율동선교회, 국제찬양율동 신학원이 다름 아닌 이 목사가 있어야 할 자리였다.

　"법을 전공했으니, 법조인의 자리에 있어야 하지 않느냐는 말들을 곤 잘 듣습니다. 물론 꿈이 거기에 있었기에 선택을 한 것이지만 하나님은 다른 곳에 쓰임받기를 원하셨나 봅니다. 어려서 예능쪽에 다양함을 배우게 하신 이유가 여기 있었나 봐요."

　하나님을 찬양하는 여러 가지 방법 중에 이 목사는 찬양율동을 선택했다. 찬양율동이 단순한 몸동작이 아님을 알기에 신학을 파고들었다. 대학을 졸업하고 다시 학생으로, 전도사로, 강도사로, 목사로 그렇게 하나하나 자리바꿈을 했다.

　찬양율동을 시작한지 10년, 황무지를 개간하는 심정으로 그렇게 지낸 날들이 이 빛을 보기 시작한다. '찬양율동 비디오프로그램' 전 9집을 창작, 안무를 기획하면서 이 목사의 노력은

'천국 외교관의 위엄으로'

이땅 여느 교회안에 보여지기 시작한 것이다.

■ 황무지를 개간하는 마음으로

어느 누구라도 비디오 테이프를 보면 쉽게 찬양과 율동에 친숙해질 수 있다. "몸으로 드리는 언어이지요. 믿음이 성장할수록 예수그리스도를 잘 전달할 수 있어야 합니다. 영과 육이 은혜로 흠뻑 공감되게 해야 하지요."

창작을 하는 과정에는 언제나 뼈를 깎는 고통이 동반한다. '어떻게 아름다운 마음을 표현해야 하나' 라는 절박함이 때론 모든 일을 제쳐놓게 만든다. 영감 있는 동작들을 가사와 일치시키기 위해 이 목사는 1년 동안 아침금식기도를 했다. 정말 손하나 표현할 수 없을 때는 그냥 잊어버린다. 그러다 문득 사로잡히는 환영을 보고 절로 모르게 거울 앞으로 뛰어간다. 한곡한곡 창작을 하고 나면 '해산의 고통'을 느낀다는 말은 비디오를 보고서야 이해했다. 정말 그랬겠구나 라고.

기독교문화라는 부분에 이 목사는 목소리를 높인다. 아직까지도 한국교회는 경건에 너무 치우쳐 있다고. 하루에도 몇 번씩 변화하는 세상문화를 능가할 수 있는 기독교문화도 얼마든지 개발할 수 있다고. 그런데 교회는 개방할 준비가 되어 있지 않다고. 안타까웠던 걸까. 단숨에 몰아치는 생각이 자연스레 고개를 끄덕이게 만든다.

■ 세상문화를 능가하는 기독문화

물론 이 목사는 찬양율동집회를 인도하기 위해 한 달에 16차

비전을 품은 사람들

례 이상 지방으로, 해외로 출타를 한다. 그럼에도 안타까운 것은 전반적인 의식구조가 아직 멀었다는 생각이다. 세상문화를 능가하는 활기를 교회안으로 끌여들여야 한다는 책임감에 다시 한 번 힘을 주어 말하는데, '대한민국 찬양율동 기독예술제'와 '대한민국 하나님 찬양율동 경연대회'는 매년 개최하고 있다. 많은 이들에게 알리고 전달하고픈 욕심이 생기는 건 당연한 것인지도 모른다.

찬송가 총 5백 58곡 중, 현재 1백 50곡의 찬양율동을 완성했다. 모든 곡이 완성되는 것을 최대의 비전으로 기도하고 있다. 그때가 언제인지 모르지만, 이 목사는 내놓는다.

연세대연합신학대학원에 다시 학생으로 입학했다. 끊임없이 알아야 할 것들이 많아, 학문의 열정이 식질 않아, 탐구자의 길로 다시금 들어섰다.

최후까지 마지막 춤을 전하는 선지자가 되기를 원한다. 시작은 미약하였는데 끝은 점점 창대해지고 있다. 그분은 그렇게 한 사람을 통해 역사하고 계신다.

'천국 외교관의 위엄으로'

'JWEF'의 힘찬 발걸음

요단세계복음화재단 박요단 씨

세상에서의 영화는 한바탕 소나기에 불과하다고 했고, 마르는 풀과 떨어지는 꽃과 같다고 했다.

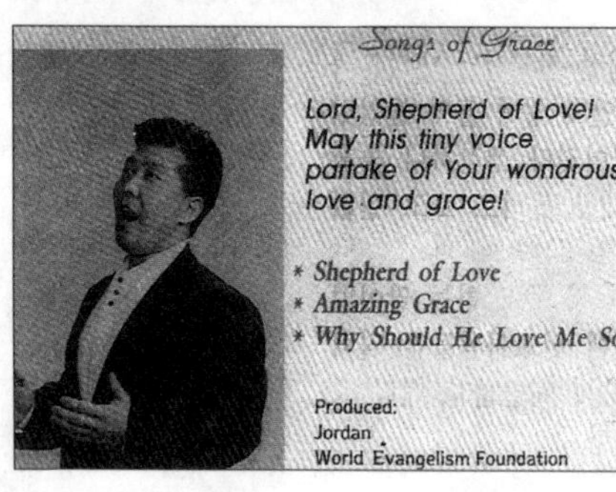

주옥같은 찬송 중에 몇 곡을 선정해 음반을 내놓았다.

얼마든지 유명세를 탈 수 있는 좋은 조건을 굳이 마다하지 않아도 되었을텐데, 문득 그 순간 떠오르는 것은 '이 모든 것이 나를 위한 것이 아니냐' 하는 생각이 든 것이다.

캘빈클라인 의류 모델, 프랑스 무술영화배우로의 캐스팅, 록 음악에서의 손짓. 무대는 물론 한국이 아니고 미국이다. 힘깨나 쓰고 근육질이 좋은 그런 사람들이나 드나드는 체육관에서 자그마한 동양인이 겁없이 흑인이나 들 수 있는 기구를 번쩍번쩍 들었다.

한눈에 포착된 동양인은 세상 이목을 끌기에 충분했다. 주위에서 유혹을 시작했다. 더 정확하게 이야기하자면 세상 사업을 그에게 제의했다. 그런데 그 동양인은 한 번의 코웃음으로 거

비전을 품은 사람들

절했다. 얼마든 세상의 화려함을 맛볼 수 있는 그런 좋은 자리
를….

"힘자랑도 저의 육체도 전부 하나님을 위해 쓰여져야 하지요.
크리스천이라면 적극적인 신앙인이라면 당연한 것 아닙니까?"

적극적인 신앙, 박요단(32)씨는 여기에 엑센트를 집어넣는다.
비영리 기독교재단인 요단세계복음화 재단 (Jodan Wirld
Evangelism Foundation)을 이끌고 있는 그이는 오랜만에 오
른 귀국길에 무언가를 가지고 한국땅을 밟았다. '박요단 찬양
집'. 물론 이 찬양집만을 홍보하기 위해 한국을 찾은 것은 아
니다. 그이가 꿈꾸고 있고 앞으로 개척해야 할 분야는 '국제적
찬양자'로서의 자리 매김인 것이다.
양복이 다 젖을 정도로 찬양에 몰입한 그이는 찬양과 바로 하
나가 되어 버린다. 성악을 전공한 것도, 목소리 교육(Voice
Lesson)을 한 번도 받아 본 일 없는 그이는 그렇게 미국이라는
세계에 덜컹 박요단 찬양집을 내놓았다. 한국인으로는 처음으
로 내놓은 영어 찬양집이라는 영예를 안으면서.

■ 적극적인 신앙인

"그때가 'EXPO 70'때였을 겁니다. 흑백TV에 나타난 빌리그
레함 목사를 보았을 때 저의 나이 일곱 살이었지요. 어린 나이
에도 불구하고 하나님의 일을 하는 사람이 되고 싶었습니다.
그리고 약속을 했지요. 매일은 아니었지만 하나님 앞에서 찬양

하는 꿈을 자주 꾸었습니다. 그 꿈에서 깨었을 때 얼마나 아름
답고 행복했는지 모릅니다.”

미국 생활 16년, 미국으로 건너가기 전까지 그이의 주무대는
체육관이었다. 유도에 뛰어난 달란트가 있었다. 고등학생 때는
미스터 코리아 일반부에 출전해서 2위에 입상했다. 뛰어난 실
력에 유도대학에 특차로 입학했다. 대학에서도 아주 훌륭한 학
생으로 주목받았다.

한창 촉망의 대상이 되었던 어느날, 허리뼈를 심하게 다쳤다.
운동을 더 이상 할 수 없다는 것은 당연지사. 운동선수로서의
인생은 그 길로 마감이었다.

생활을 할 수 없을 정도의 심한 상처는 보이지 않는 하나님의
어루만짐으로 나음을 입었다. 그랬다. 언제인지 확실히 알 수
없지만 그이는 그분의 손길로 나음을 입었다고 또한번 감격을
한다.

그런데 인생은 하강 곡선도 있게 마련이다. 인생의 굴곡을 맛
보고 쓰라린 상처도 맞아야 했던 그런 날들이 있었다. 좌절의
아픔이 그를 훌훌 털고 미국으로 향하게 했다.

■ ‘훌훌 털고 미국으로’

눈물이 많은 남자. 옳은 것에 신념이 강한 남자. 찬양을 하다
보면 어느새 주르르 흐르는 눈물을 감출 수가 없다. 대화를 하
는 도중에도 조롱조롱 선한 눈에는 눈물이 조심스레 맺혀 있다.

하나님이 사랑한 것이라면 무엇이든지 다 사랑할 수 있을 것
같다는 이야기. 말을 하기 전에 항상 5초 먼저 생각하는 세심함

비전을 품은 사람들

을 완벽하게 갖추고 있는, 이 남자는 무수히도 사랑할 것이 많은 사람이다.

"하와이 음악을 좋아합니다. 산호 색깔 바다와 청량한 공기와 무지개가 너무 아름답지요. 하와이는 지상의 낙원이라 할 정도입니다. 여기에서 찬양에 대한 열정과 영감을 받았습니다."

외국찬양자 등에 비해 결코 뒤지지 않을 음성을 허락 받은 그이지만 망설이고 또 망설이고 수도 없이 피해 다녔다. 그 유명한 대학 UCLA를 졸업한 재원은 돈 잘 버는 사업을 했다. 등 따시고 배 부르자 하루에 양주 3, 4병도 뚝딱, 담배 3갑은 문제도 아니었다.

"그랬지요. 한창 잘 나가던 시절, 번뜩 정신을 차리고 보니 무얼 하고 있는지, 하루만에 술과 담배를 끊었지요."

하나님이 주신 사명에 무릎을 꿇었다. 미국 내에서 외국인이 비영리 재단을 허가 받기란 정말 하늘에서 별따기 이다. 그이는 이 허가도 아주 빠른 시간에 받아 냈다. 박요단 찬양집은 자비를 탈탈 털어 훌륭하게 제작했다. 미국에서의 인정은 즉각이었다. 아주 잘 나가고 있는 음반이다.

"JWEF는 시작했습니다. 후원을 부탁합니다. 단 1만원의 후원이 있는 교회라면 세상 어느 교회라도 찬양을 하려고 달려갈 겁니다."

백인과 유색인종 모두 주님 안에서 화합될 수 있는 하나의 디딤돌이 되길 자처하는 박요단 씨.

그이가 가야 할 길과 어깨에 진 짐이 너무 멀고 너무 무겁다.

비전을 품은 사람들

"빌라도의 고백을 이제 제가 합니다"

모노드라마 '서기 33년 그날' 조문의 씨

한 길, 15년.

그리 내세울 만한 전적은 못된다. 그 시작은 반항. 무모함이라는 등짐을 지고 뛰어든 연극판은 반항이라는 자석 때문이었다. 반항은 그에게 찰싹 붙어 떨어질 줄 몰랐다. 아버지가 싫어하는 것이라면 안가리고 해야 한다고 결심했다. 결심은 연극이라는 생경함에 연결 고리를 만들어 버렸다. 무모함, 막연함 그리고 환상, 일시적인 불장난으로 끝날 줄 알았다. 그것은 착각. 연극은 그에게 있어 천직이다.

조문의(34·찬양장로교회) 씨는 요즘 '서기 33년 그날'이라는 모노드라마로 정신없이 산다. 본격적인 성극은 처음이다. 15년 동안 이 연극, 저 연극 장르 구분 없이 해왔지만 성극을 하게 될 줄은 스스로도 몰랐다고 하니….

"아버지의 고집은 아무도 꺾을 수가 없었습니다. 잘해 보려고 누구나 사업을 시작하겠지만, 끝도 보이지 않는 무모함에 결코 고집을 꺾지 않았지요. 그런 아버지에 반항하는 길을 찾았습니다."

연극은 그때 그를 찾아왔다.

82년, 극단 '항아리'의 워크숍에 참여한 인원은 32명. 굳은 결심을 하고 연극을 시작한 동기들이다. 그러나 현재 그이 말고는 남아 있는 사람이 없다. 물론 극단 항아리는 오래 전에 막을 내렸다. 그이의 고집도 만만치 않다. 집까지 등지고 시작한 연극에 결국 아버지는 하얀 깃발을 들었으니.

■ '이제 당신 앞으로'

이들 부자에게도 단 한 가지 공통점이 있었다. 기독교인을 짐승 보듯 싫어하는 것. 교회라고 하면 두 눈 딱 감고 욕 한 마디 내뱉는 것. 몇 해전 까지만 해도 연극은 그이에게 신앙이고 종교였다. 어떤 것도 끼여들 자리가 없었다. 그런 그이가 요즘 빌라도처럼 울면서 흥건히 무대를 적신다. 빌라도의 고백이 마치 자신의 모습 같으니. 찢어지는 절규와 속죄를 어찌 말로 다 할 수 있으랴.

"'서기 33년 그날'은 예수가 십자가에 못 박히시던 날입니다. 예수를 잔인하게 십자가에 못박은 빌라도가 스스로 죄의 고통에 못이겨 그만 하라고 소리치는 부분에 그리고 죄를 고백하는 부분에 메시지를 남깁니다. 자신의 잘못을 속죄하지요. 진정한 예수의 고난과 사랑을 알리려는 작품입니다."

빌라도의 속죄가 자신의 속죄로 다가온 것은 갑작스럽게 세상을 떠난 아버지 때문이었다. 짝을 이루어 기독교인을 핍박하

비전을 품은 사람들

던 아버지는 간암으로 쓰러지셨고 세상을 떠나기전 급기야 신앙을 받아들였다. 임종을 앞두고 아버지는 평화롭게 주기도문을 외우고 숨을 거두셨다.

간곡한 아버지의 마지막 유언.

"예수에 대한 믿음을 가져야 한다."는 그를 그렇게 새로 태어나게 했다. 94년 11월이었다.

또다른 사건 하나.

그이는 인천시립극단 창단 멤버로 5년여 동안을 활동했다. 총리허설 도중 1톤이 넘는 물체가 갑작스레 떨어졌고 그를 실신시켰다. 죽있다 살아난 몸. 사람들은 기적이라고 한바탕 난리였다. 1년 동안 새벽기도를 거르지 않고 일대일 하나님과의 만남을 가졌다. 신앙은 급성장 했다.

선교극단 예그랑 대표 이현종(34) 목사는 조심스레 그이에게 손을 내밀었다. 기습 작전을 폈다. 일반극단에서 소신껏 활동해 온 동창에게 멋진 콤비를 이뤄 보자고 제안했다. 머뭇거리지 않고 잡은 손.

어김없이 이 목사는 그이와 함께 동행했다. 틈틈이 얘기하고 싶었던 의견을 지체없이 제시하기도 하는데.

"교회가 창조해 내고 있다면 선교극단을 굳이 따로 창단하지는 않았을 겁니다. 그리스도 문화가 곧 세상문화였던 시대는 이미 지났습니다. 세상문화에 점령되어 문화라는 축에 끼지도 못하고 있는 실정이지요. 저희가 손을 잡았다고 크게 달라지는 것은 없습니다. 지금은 외롭지만 때가 되는 그날에는 풍요로울

"빌라도의 고백을 이제 제가 합니다"

겁니다."

모노드라마 '서기 33년 그날'.
번듯하게 소극장이라도 빌려 공연을 해야 했지만 그렇게 하
지 못했다. 그이는 개교회의 무대를 찾아 나서고 있다.

■ 예그랑과의 기습적인(?) 만남

예그랑 수석단원.
일반 기성극단과의 결별에 후회는 없다. 오히려 성극에 더많
은 인재가 합류하기를 바란다. 그렇다고 세상을 등지고 교회
안으로 숨어들자는 생각은 아니다. 언제든 좋은 작품에는 본연
의 기독인으로 새롭게 임할 생각이다.
반항으로 시작한 연극. '후회'라는 단어에 그이는 동그랗게 눈
을 뜬다. 결단코 후회는 없노라는 자신감. 걸어가는 길에 대한
만족이 참 든든해 보이는 자리. 결국 자기와의 싸움에서 이긴
자만이 연극에 대한 참맛을 알 수 있는 거란다. 아직은 참맛을
모르겠노라고. 이제부터 조금 알 수 있겠노라고….
신앙이 짧다는 그이는 간혹 교회 안에 황량함을 느낄 때가
있다.

"개교회를 돌아다니면서 공연을 합니다. 아주 소수이겠지만
어떤 교회는 냉정합니다. 밤무대 재주꾼처럼 저희들을 바라보
는 분들이 있습니다. 사랑없는 눈길, 그걸 느낄 때마다 별 생각
이 다 듭니다."

시험에 들 것 같아 그이는 스스로를 몇 번이나 자중시킨다. 교회는 '사랑실천'의 첫 기수가 되어야 하지 않던가.

1년 장기공연 체세를 세워 놓았다. 인천 장안에 화제가 될 연극. 그렇게 된다면 바랄 것이 있을까. 그이는 다짐한다. 세상문화를 이끌 예수문화를 위해 소품이 되기로, 아주 큰 소품이 되기로.

▶공연문의 : 선교극단 예그랑 (032)435-6777

"빌라도의 고백을 이제 제가 합니다"

성전 꽃꽂이에 바친 열정과 사랑

동양꽃꽂이 30년, 이하선 원장

꽃!

살아가다 문득 사람들은 주위의 딱딱한 시선을 놓고 싶을 때가 있다. 그래서 하늘은 그리고 나무는 심심찮게 마음의 허허로움을 달래 주는 무언의 기쁨이 되곤 한다. 여기에 꽃도 예외는 아니다. 사시사철 자신의 온몸을 불사르고 스스로 잉태하는 꽃은 때론 경이로움을 안겨 준다.

간결하면서도 화려하게, 그렇지만 단아하게 성전 꽃꽂이를 하라고 귀띔한다.

30년을 꽃과 함께 한 이 사람. 아니 과정에 있어 6년은 무작정 꽃을 멀리한 사람. 14년 동안 끊임없는 연단을 통해 두손들고 신학을 위해 무릎을 꿇은 이하선(51·제일교회·하선꽃꽂이선교회) 원장.

우리나라 꽃꽂이계에 은밀히 톡톡한 내조를 하는 이 원장의 꽃과 함께한 삶을, 잎에서 향내나는 과꽃의 향기로 그려본다.

비전을 품은 사람들

■ 꽃과 함께 한 30년

우리 나라에 아직 꽃꽂이라는 단어 자체가 낯설었던 시절, 처음으로 꽃꽂이 분야를 개척한 고하수 씨가 그이의 숙모가 된다. 언제나 집안에는 꽃향기로 가득했고 애써 꽃과 가까워지려는 노력 없이도 꽃은 친숙했다. 꽃꽂이에 대한 소망이 특별히 있었다고는 할 수 없었지만, 정신적인 편안함에 매료되고 만다.

인생에 있어 꽃이라 할 수 있는 20대 초반. 그이는 꽃과 함께 인생을 시작한다.

"처음부터 성전 꽃꽂이를 하려던 것은 아니었습니다. 믿음에 대한 욕심은 있었지만, 목마른 사슴처럼 갈급했던 건 아니었지요. 그런데 주님은 저를 연단 시키시더군요. 무려 14년간이라는 시간을 밀이지요."

목사.

그이의 또다른 직함이다. 멀리도 멀리도 달아나려 했지만 붙잡고 놓아주지 않는 시련과 고통에 무릎을 꿇었다. 6년 동안 신학에 매료되어 온 마음을 다 빼앗겼다. 인생에 있어 그때만큼 즐거웠던 적이 있을까. '하나님 섭리하에 내가 산다'는 것을 깨달은 그 순간, 그리고 순종할 것을 결심한 뒤의 세상은 예전의 모습이 아니었다.

■ '하나님 섭리하에 내가 산다'

하선꽃꽂이선교회의 탄생. 내놓을 수 있는 달란트 꽃꽂이로

성전 꽃꽂이에 바친 열정과 사랑

그이는 선교 할 결심을 한다.

"성전 꽃꽂이의 바른 이해가 필요합니다. 말씀과 부합한 꽃꽂이를 해야 하는 것이지요. 꽃꽂이를 하는 시간은 기도하는 시간입니다. 하나님과의 대화 시간이지요. 아름다움을 창출하기 이전에 자신의 신앙을 점검하는 자세로 임해야 합니다."

하나하나 꽃을 꽂을 때 빈 마음이 아닌 감사의 마음과 하나님의 크신 권능을 기억하란다. 그리고 소원을 빌어 보란다. 버려지는 꽃, 꽂혀지는 꽃, 잘려 나가는 꽃, 그리고 다시 꽂혀지는 꽃. 나의 신앙의 성숙은 어느 만큼 와있고, 혹 잘려 나가거나 버려지는 것은 아닌지, 때론 회개의 눈물로 꽃을 대하라는 소중한 부탁. 꽃꽂이 안에 담겨 있는 하나님의 권능과 세상을 발견하라는 코 끝 찡한 조언.
믿음이 자라는 그대로의 지름길이라며, 1년만 성전 꽃꽂이 봉사를 해 보라고 권하는 그이. 사명감과 열정, 그리고 소질이 있다면….
동양 꽃꽂이만을 고집 한다. 가장 한국적인 것, 그래서 그이는 꽃꽂이계에서는 일찌감치 알려진 유명인사(?)다. 예전에는 매스컴을 곧잘 타서 그이를 알아보는 이들이 솔찮게 많다. 그런 그가 조용히 후진을 양성하며, 성전 꽃꽂이로 선교를 옹골차게 해 나가고 있다.
금, 토요일 하선꽃꽂이선교회를 찾아가면 그이의 멋들어진 꽃꽂이 강의를 들을 수 있다. 지방에서도 널리 퍼진 손길. 자주 찾아올 수 없는 지방교회 성전 꽃꽂이 봉사자를 위해 일일이

비전을 품은 사람들

꽃꽂이를 해서 사진을 찍어 보내준다. 절기와 분위기에 알맞는 작품으로. 그래서 언제나 주머니는 마이너스이다. 하나님과 만나는 시간을 어찌 세상적인 계산법을 적용시키겠느냐며 웃는 소탈함.

생수를 마신 느낌. 왠지 모를 시원함이 컬컬함을 확 밀어 버린다. 그이는 달란트가 무궁무진 한 것 같다. '가장 어려운 일도 가장 쉬울 수 있다'는 진리를 사람들은 왜 모르고 사는 것일까. 그이와 얼마간 이야기를 해 본 사람이라면, 그 진리를 깨닫고 절로 모를 세상사를 느끼며 돌아간다.

"사람들은 참 이상해요. 밤에는 무거운 짐을 다 하나님께 맡겨 놓았다가도 아침만 되면 다시 그 짐을 지고 마네요. 다 맡기라고 했는데 왜 굳이 지려고 하는 걸까요."

■ '가장 어려운 일도 가장 쉬울 수 있다'

할 일이 너무나도 많다. 지금하고 있는 일만도 벅찰텐데 그이는 욕심을 낸다. 하나님을 많은 이들이 만날 수 있는 장, 성전 꽃꽂이를 매개로 잃은양을 다시 하나님 품으로 돌리고 싶다. '먼저 그 나라와 그 의를 구하라'는 삶의 중심을 헛되게 하고 싶지 않다.

가끔은 귀한 꽃으로 성전을 치장하라는 강의가 시작된다. 소박하게 장식을 하더라도 하나님 창조의 섭리를 느낄 수 있는, '아! 저런 꽃도 있구나'라는 감탄사를 연발할 수 있게끔 가끔은 만들어 보란다.

성전 꽃꽂이에 바친 열정과 사랑

　너무 화려하게 꽃 전시회를 하듯이 꽃꽂이를 하지 말고, 간결하면서도 화려하게, 그리고 단아하게 성전 분위기를 살려야 한단다.

　개인적으로 좋아하는 꽃을 슬쩍 물었더니 개나리와 과꽃을 이야기한다. 과꽃은 앞에서 향내가 난다고 그것도 한가득 서로 모여 있을 때 은은한 향내가 난다. 그런 꽃이 좋다.

　"자신이 하는 어떤 일에도 하나님이 계셨으면 해요. 자신 스스로를 드러내기보다는 하나님 영광 드러내는 삶을 우리 살아봐요. 얼마나 행복한데요."

비전을 품은 사람들

행복한 삶을 그림으로

서울예고 김재임 선생

간혹 주보를 유심히 보면 대부분 교회 전경이나 예배드리는 광경을 주보 맨 앞에 컬러로 장식한다. 그런데 낙산교회 주보는 하나의 그림을 연상시킨다. 말씀과 부합된 하나의 그림 아니 작품. 김재임(59·낙산교회·서울예고 강사) 선생은 몇 년째 매주 이 작품을 도맡아 하고 있다.

주보가 흑백으로 나오다 보니 교인들은 이 그림의 내용을, 상황을 잘 파악하지 못했다. 그래서 얼마 전부터 단 옆에 원화를 액자로 만들어 세워 놓았다. 그렇게 해 놓으니 모두가 한마디. "말씀은 잊혀져도 그림은 머리에 오래도록 남아 있네."

그이의 생각과 목사님의 설교 말씀이 일치되었을 때 그이는 '바로 이거다'라는 생각을 한다. 삶의 공동 주체인 하나님 말씀, 그것은 이미 그의 몸 속 깊은 곳에 자리잡았다는 증거이고 삶으로 표출되고 있다는 것이다.

■ 머리에 오래도록 남는 그림, 말씀

60년대 서울대 미대 졸업. 서울, 독일, 일본, 미국 등지에서 가진 개인전만 해도 무려 15회. 한국보다는 외국에서 더 유명세를 타는 그이는 외국 화랑가에서 전시회를 요청할 정도이다.

굳이 자신의 전시회를 매스컴으로 알리지 않아도 소리 없이 이어지는 발길이 전혀 낯설지가 않다.

지난번 그이는 소품전을 열었다. 특이하게도 장소는 은행. '미술세계와 은행문화의 만남의 장'이라는 독특한 타이틀은, 누구나 손쉽게 찾을 수 있는 은행을, 문화의 장으로 바꿀 수 있는 계기를 마련한 셈이다.

우리 나라에서는 역시나 홍보가 부족했던 탓일까. 외국에서보다는 판이하게 다른 현상이다. 혼자서 그림을 감상하는 시간이 되어 버린 소품전. 뜸한 발길이 조금은 안타까울 뿐인데····.

"그림하고 많은 이야기를 나눕니다. 자기 반성의 기회도 가지고요."

아담한 전시장에 고즈넉하게 앉아 그림과 나눈 이야기가 참으로 많았던지 나누었던 이야기가 귓전을 맴돈다.

요즈음 그이의 책상에는 영어, 일어사전 2권과 영어, 일어성경 2권이 놓여 있다. 우리 나라 말과 영어와 일본어로 성경을 창세기부터 써 나가고 있다. 새벽마다 대하는 말씀이 참 좋다. 앞으로 몇 년 안에 끝낼 수 있을지는 장담할 수 없지만 끝까지 쓸 계획이다. 이미 예전에 한 번 끝낸 영어로 써 내려간 성경한 권은 무려 4년이나 걸렸다며 오랜 기간만큼 농익은 삶의 향기를 내비친다.

작품에 몰두 할 때 혼자 하지 않는다. 철저하게 하나님을 동반한다. 그렇기 때문일까. 생활 속에서 저절로 이루어지는 작품들이 혼자 스스로 표현하지 않는다는 것을 깨달을 수밖에 없다.

비전을 품은 사람들

말씀 안에서 이루어지는 작품. 그대로의 삶이요, 즐거움이 되어
버린다.

■ 혼자 스스로 표현하지 않아

"복잡한 건 싫어합니다. 그림을 보았을 때 마음이 즐겁고 편
안해서 흥얼거림이 절로 나올 수 있다면 그대로 만족합니다.
무심코 시선을 주었을 때 가슴으로 느낄 수 있는 그림을 전 즐
겁게 그립니다."

추상화를 그리는 그이의 주된 주제는 '빛과 생성'. 성경을 처
음부터 끝까지 읽고 난 뒤에는 바뀔 수밖에 없는 주제가 되어
버렸다. 신의 뜻대로 즐겁게 움직이는데, 욕심은 왜 필요한 것
인지 되려 묻는 그이.

■ '신의 뜻대로 즐겁게'

같은 길을 걷는 남편은 매년 갖는 전시회를 보고 '조금은 자
주가 아니냐'는 이야기를 건네지만, 스스로가 살아 있음을 느낄
수 있는 기회를 자주 갖고 싶을뿐이다. 아주 큰 캔버스위에 그
이는 신발을 벗어들고 그 위로 올라가 그림을 그리고 껑충껑충
뛰어 다닌다. 엄마의 이런 모습이 자녀들에겐 아주아주 재미있
게 보였던가 보다. 즐겁게 일하는 엄마의 모습. 그래서 막내딸
은 조각을 한다. 선연히 떠오르는 보기좋은 모녀의 모습. 삶이
혹 이런건 아닌것인지….

행복한 삶을 그림으로

누가 팔아 주지도 않을 것. 나 좋아서 그리는 그림. 나중에 후손들에게 물려 줄 재산들이 그득하다며 감칠맛 나게 엮어 가는 미술 인생. 스스로를 그림쟁이라며 친근하게 접근할 수 있는 여백을 보여주는 넉넉함.

결혼하고 20년만에 직접 만든 도자기와 먹장난하듯 그린 그림을 가지고 무작정 유럽으로 2달 반 동안 무전여행을 떠났다. 묵었던 집에는 도자기와 그림으로 사례를 했다. 기차 안에서 떠오르는 영감을 놓칠새라 컵에 물을 따라 놓고 그림을 그렸던 이야기. 미국, 영국, 파리, 그리스, 이태리 곳곳에 뿌려 놓은 점점의 물감이 단풍 되어 한국으로 날아온 것은 아닌지….

환한 것이 좋다. 그래서 소품전의 주제도 '빛이 있는 곳에'였다. 어두움이 있는 곳에 빛만 있다면 치장하지 않아도 아름답다.

사람과는 결혼 할 생각이 없었던 미술인. 그래서 그림하고 결혼할 것이라고 다짐했던 젊은 미술인이 이제는 한 길을 걷는 남편과 자녀들을 모두 안아 신의 뜻대로 살아가고 있다.

인생은 60부터라고. 그이는 한 발 앞서 내년을 준비하고 있다. 조금은 우습지만, 굳이 줄이자면 환갑전. 아주 근사하게 할 생각이다. 다시 시작하는 의미로 미술 인생을 새롭게 살아 볼 생각이다.

단풍이 너무나 곱다. 베레모를 살짝 눌러 쓴 재미난 그림쟁이. 그이가 붓을 들자 세상은 또 한 번 색깔을 덧입는다.

효과적인 복음전파 파수꾼

노량진교회, 김진년 목사

　지금의 시대를 두고 모두가 한마디씩 하는 말이 있다. '매스미디어 시대', '멀티미디어 시대'. 전혀 낯선 느낌이 아니다. 아마 현대인들은 이 말에 익숙해져 있을 것이다. 익숙한 차원을 넘어 모두들 이러한 시대에 뒤떨어지지 않으려고 노력을 한다.

　사람이 모이는 곳이면 대화의 주된 초점이 되기도 한다. 사람이 모이는 곳, 그렇다면 교회도 예외는 아니다. 모이는 이들은 변화를 요구하는데 정작 교회는 이러한 현상들을 파악할 준비조차 되어 있지 않다.

　복음은 변할 수 없지만, 시대적 상황은 항상 변화하여 왔기에 시대의 물결을 거스를 수가 없다. 이러한 문제들을 놓고 1년에 한 차례씩 목회자들을 움직이는 이가 있다. 목회자들이 시대 상황을 잘 파악할 수 있도록, 시대를 앞장서서 복음을 전할 수 있도록 김진년(37·노량진교회 부목사) 목사는 2년전 그 움직임을 시작했다.

■ 시대를 앞장서서

　93, 94년 '목회정보 전산화 세미나'를 시작으로, 제 3회 '정보

화사회 목회세미나'를 눈앞에 두고 있다. 세미나의 주제는 '멀티미디어 사회를 준비하는 목회'. 순수하게 목회자에 의해 계획되었고, 목회 현장에 꼭 필요한 내용으로 구성을 했다.

"목회자들이 컴퓨터에 대하여 새로운 인식을 가졌으면 합니다. 정보화 사회에 발맞추려면 시대의 변화와 흐름을 무시할 수 없지요. 목회자들에게 앞으로의 방향성을 제시하고 싶습니다."

어떤 이는 컴퓨터라는 물건에 대하여 사탄이라는 칭호를 쓰기도 한다. 교회 안으로 끌어들였다가는 이상한 사람으로 취급받기 좋은 꼴이었다. 그러나 더 이상 낙후된 복음 전파는 전파를 타지 않는다.

삼삼오오 뜻을 같이 하는 목회자가 모였고, 나름대로 연구를 하고 사례 발표를 했다. 첫 시도는 의외로 좋은 반응을 가져왔다. 정보화 사회에 뒤떨어지지 않을 자질을 가진 목회자들이 속속 그 목소리를 높이기 시작했다. 변화 속의 복음. 충분히 시대의 흐름을 따라 잡을 수 있다는 확신을 가져왔다. 그러나 아직까지는 열려서 받아들여야 할 교회들이 많음을 걱정한다.

컴퓨터 앞에 앉아 있으면 6, 7시간은 훌쩍 지나가 버린다. 목회자라는 신분으로 이렇게 많은 시간을 할애할 수 있는 시간은 밤.

현 교회 실정에 맞는 프로그램 개발에 열과 성의를 다한다. 이제까지 공개한 것만 해도 5개정도. 모두 무료로 김 목사의 아이디어를 사용하고 있다. 상업적인 문제를 철저하게 배제한다.

교회 행정관리에 효율적인 부분을 알게 된 목회자들은 김 목

비전을 품은 사람들

사의 이러한 노력을 알 것 같다며 고개를 끄덕인다. 고독한 시간이 조금은 빛을 보기 시작했다.

■ 교회 실정에 맞는 프로그램 개발

"목사라면 컴퓨터 앞에 앉아 있기보다는 말씀을 보고, 묵상하고, 심방만을 잘 해야 한다고 생각하나 봅니다. 교인들도 저의 이런 모습을 잘 이해하지 못하니까요."

목사이면서도 컴퓨터에 관해서는 박사가 부럽지 않은 김 목사. 대학에서는 컴퓨터를 전공한 컴퓨터 공학도. 목사가 되기보다는 컴퓨터 박사가 되었을지도 모를 접어 두었던 시간을 펴본다.

컴퓨터에 매료되어 앞으로의 길도 컴퓨터와 함께 하기로 한 젊은이의 출근 첫날, 불현듯 할머니의 기도가 떠올랐다. '주의 종이 되게 해 달라'고 자신을 위해 기도하던 모습이 지워지지 않았다. 컴퓨터보다 소중한 것이 있다면, 한 생명이라도 구원하는 길이 아닐까. 나의 삶은 주를 위해 쓰여져야 하지 않을까. 물음은 꼬리를 달고 젊은이에게 이어졌다. 후회하지 않기 위해, 쓰임 받기 위해 젊은이는 신학에 몰입한다.

신학을 한 뒤부터는 컴퓨터를 잊어버렸다. 그런데 세상은 컴퓨터라는 문명에 푹 빠져 버리고 만 상태이다. '컴퓨터를 안다'하는 김 목사는 컴퓨터의 효율성을 교회 안으로 가져오고 싶었다. 그리고 대비하고 싶었다.

효과적인 복음전파 파수꾼

"앞으로 다가올 미래는 멀티미디어 시대이지요. 채널만 돌리면 웅장하고 화려한 교회와 설교 잘하는 목사들이 나와 설교를 합니다. 굳이 교회를 찾지 않아도 신앙생활을 할 수 있겠지요. 교회들이 지금 깨어지지 않는다면 그 충격은 더 크겠지요."

소비자가 백화점을 찾지 않고 백화점이 소비자를 찾는 시대는 이미 보편화 되어 있다. 교인들이 교회를 찾지 않고 교회가 교인들을 찾는 시대가 멀지 않았다고 장담하지 않을 수 없다. 그만큼 매스미디어는 우리 생활 깊은 곳까지 젖어 들었다.

'BBS 생명의 빛'과 '한국교회지도자동호회'를 운영하며 무수한 정보와 자료를 교환하고 있다. 보람되는 거라면, 목회자들에게서 오는 감사의 편지를 받을 때. 신앙적으로 도움을 받았다는 내용. 정보화 사회 속에 일면을 하고 있다는 자부심을 느끼기도 한다. 책임감도 저버릴 수 없다. 하나님은 김 목사를 들어 쓰고 계신다. 김 목사 또한 그렇게 생각하며 열심히 뛰고 있다.

'정보화 사회에 효과적인 복음전파'는 결코 뛰지않는 한 낙후될 수밖에 없다. 하지만 컴퓨터를 훌륭하게 교회와 접목시키는 김 목사가 있는한 충분히 뒤집을 수 있는 이야기이다.

김 목사의 고충과 노력이 희망으로 변할날이 다가오고 있다.

비전을 품은 사람들

김예소리
임장순
박홍부
배명식
손정우
하은경
한만영
유명애
권순호
구두회
임문우
최래옥

"외로운 길, 시작입니다"

무형문화재 전수자 김예소리 씨

전화선을 타고 들려 오는 목소리는 분명히 천사인 것 같다. 천사만이 그 목소리를 낼 수 있을 것 같은 생각, 잠시 동안 가져 본다. 잠시나마 '사람이 목소리가 이렇게도 아름다울 수 있을까'라고 황홀하게 만든 사람. 그 사람 앞에서는 화가 난 이라도 금방 수그러들 것 같다.

김예소리(남일교회) 씨. 칭찬 앞에서 그이는 겸손하다. 하나님이 주신 목소리를 자신의 것이라고 이야기할 수 없단다. 이야기할 수 있는 것이 있다면 '남이 없는 것을 갖게 하셨다'는 것뿐. 살아오면서 혹 많은 것을 잃었을 지라도….

나이를 묻는 말 앞에서 웃음으로 넘기려 한다. 25세 이후부터는 나이를 세지 않았다고, 그래서 자신의 나이를 알 수 없노라고.

■ '남이 없는 것 갖게 하셨다'

눈이 아름다운데, 그런데 두꺼운 안경으로 애써 가리는 이유는 무얼까. 약시, 아주 가깝게 사물을 놓아야만 볼 수 있다. 글씨도 큼직큼직하게 써 놓아야 한다. 모든 것이 얼굴에 가까이와 닿아 있어야 한다.

돌쯤 되었을까. 아기는 초점을 제대로 맞추지 못했다. 서둘러 안과를 찾았다. 의사는 암이라는 진단을 내렸다. 시신경이 약한 상태에서 수술을 했다. 그런데 암은 오진이었고 그때부터 약시에 시달려야 했다.

그이가 감당해야 했던 시련은 굳이 말하고 싶지 않다. 남들보다 몇 배나 노력을 했다. 초등학교를 제외하고는 일반인들과 똑같이 수업을 받았다. 국악의 길로 접어든 것은 국악예고를 진학하면서부터였고, 일반인들과 똑같이 겨뤄 한양대 음대 국악과에 진학했고 졸업했다. 시련과 연단 속에 그이는 거듭났다. 남모르는 아픔도 기쁨으로 승화시켰다.

닦은 음악을 시작할 때와 끝날 때 사용하는 전통악기이다.

85년, 김월하(무형문화재 제30호) 선생에게 정가(正歌)를 이수 받았다. 몇 배의 노력이 없었다면 이룰 수 없는 일이었다. 그런데 해내고 말았다. 그리고 시작이라고 말한다.

"낙심하고 힘들어 할 때 저는 주의 보호하심 속에 있었습니다. 결코 저를 사랑하신다는 것을 항상 깨닫고 있었으니까요. 혹, 저로 인해 힘들고 낙심하는 자가 위로 받는다면 그보다 더

비전을 품은 사람들

큰 영광은 없겠지요."

국악으로 찬양선교를 시작했다. 그이가 가지고 있는 달란트
를 아낌없이 나누고 싶었고, 전하고 싶었다.

■ 노력으로 승화 그리고 시작

혹, 낯설어 할지 몰라 조심스럽게 다가가고 있다. 그런데 우
리 나라 음악을 낯설어 한다는 것이 때론 이해가 되지 않는다.

"하나님은 모든 민족에게 각양각색으로 언어와 문화를 허락
하셨습니다. 찬양을 드릴 때 우리 가락, 우리의 정서로 드린다
면 더 즐겁고 흥이 날텐데요."

집회에 참석해서 국악찬양을 한두 곡 부르기 시작하면 사람
들은 수군수군 댄다. 시간이 흐르기 시작하면 그이는 물론이고
성도들은 연신 '아멘'을 연발한다. 우리 것이 이렇게 좋은데 하
면서….
병원, 교도소, 고아원 어디든 따뜻함을 그리워하는 이들이 있
는 곳이면 두말 않고 찾아간다. 한순간 순간 최선을 다한다는
생각으로.
다닌다는 것에 대한 불안, 떨쳐 버릴 수 없는 짐이지만 집회
에는 언제나 어머니가 동행한다. 많은 세월이 흘렀지만 한결같
은 어머니를 볼 때마다 다시 한번 힘을 얻곤 한다. 더 열심히
삶을 꾸려야지라고.

"외로운 길, 시작입니다"

국악복음성가 테이프를 내놓은 이유는 국악과 대중이 새롭게 인식되고 만나기 위해서이다. 정통만을 고집할 수 없는 이유인지 그이도 '세미국악'을 시도해 보았다.

그렇다고 국악만을 고집하지는 않는다. 하나님을 찬양하는데 특별히 장르를 나누어 토닥토닥 이야기를 만들고 싶지는 않다. 외로운 길, 그이가 선택한 길을 걸어갈 뿐이다.

■ 외로운 길, 선택한 길

잔잔한 감동을 주는 간증, 그이의 간증은 생활 속에서 시작된다. 시련이 있었다면 이길수 있는 시련을 주신다는 것. 감사할 수 있는 일들이 너무나 많다는 것. 때론 이러한 간증이 나의 입술로 시작되는 것은 아닌가 하고 돌아보게 된다. 겸손하고 겸허한 마음을 가지고 섰을 때만이 하나님이 받아 주신다는 것을 믿기 때문이다.

'예소리'는 예명이다. '예수님을 찬양하는 소리', '예술적인 소리', '여기에 소리가 있다'라는 뜻의 예쁜 이름.

국악의 한을 통해서는 예수의 고난과 우리의 죄에 대한 회개를 이야기하고, 국악의 흥을 통해서는 예수의 부활과 우리에게 주신 기쁨과 감사를 노래한다. 국악의 한과 흥을 조화롭게 끌어내는 끊임없는 예술에 대한 노력.

찬양이 필요한 곳이라면 지구 끝까지라도 가겠다는 다부진 집념. 조만간 그이가 혼신을 기울여 제작한 국악복음성가 2집을 만날 수 있다. 신앙의 연단을 거듭하는 예소리 씨.

하늘은 참 맑게 개어 있다.

'보이는 것과 보이지 않는 것'

재활공학센터, 임장순 소장

화가의 꿈.

왜 버려야 했는지 누군가는 굳이 물어 보겠지. 수많은 색채. 나를 표현할 수 있는 캔버스를 접어 두어야 했던 이유를 15년 이 지난 이제 왜 들먹이는 걸까. 예전에 그렸던 나의 분신을 보지 못한 것이 어느덧 이렇게 많은 시간이 흘렀나.

지금쯤 사람들은 한 겹 두 겹 스스로의 따스함과 보호를 위해 세상과 차단벽을 쳤을 거야. 나무와 하늘은 이 겨울을 위해 또 한 번 일심동체가 되어 있겠구나. 감각과 느낌만으로 계절의 변화를 실감한다는 것이 쉽지만은 않은데. 그런데 난 이렇게 하고 있다. 단련되었다고 순응하기 위해서라고 말하고 싶지 않다. '본다는 것에 대한 상실'을 극복한 나만의 노하우라고 말하고 싶다.

■ '본다는 것에 대한 상실'

하상장애인종합복지관내 재활공학센터 임장순(34·은평침례교회) 소장.

컴퓨터를 마주한 그의 진지함에 섣불리 말을 붙이지 못한다. 하얀 종이 위에 연결되어서 찍혀 나오는 점자들. 임산부가 산고의 고통을 견뎌 내고 한 생명을 감격과 환희로 대하듯, 산고의 고통만큼이나 아픔으로 일궈 낸 점역(點譯) 프로그램들. 시각 장애인을 위해 컴퓨터 점역 프로그램을 개발하는 일. 붓을 들어 자신을 표현하던 자리에서 이젠 컴퓨터 전문가로 똑같은 세상을 달리 표현하고 있다.

"녹내장이라는 선고를 받았습니다. 중·고등학교를 지나면서 서서히 저의 눈에 변화가 느껴지더군요. 고 2때 수술을 했습니다. 수술하고 일주일이 지나서 붕대를 풀었습니다. 이제는 확연하게 보일 세상을 설레면서 기대했지요. 붕대만 풀면 보이리라 생각했던 모습들이 완전히 보이지 않았습니다."

어렴풋하게 보이던 세상이 순식간에 자취를 감추어 버린 순간, 떠오르는 것은 '막막하다는 것' 그것 하나였다. 막막하다는 좌절과 상실을 어떻게 한 순간에 극복할 수 있을까. 극복이라는 말보다 '내가 왜?'라는 반항의 목소리가 뜬금 없이 튀어나오고 말았다. 침착하라고 스스로를 다독이고, 다니던 학교에 휴학계를 제출했다. 아니, 자퇴서라고 해야 할까. 마음을 가다듬고 해야 할 일을 끊임없이 찾아 다녔다.

서울 맹아학교에 입학했다. 힘들었지만 공부를 무진장 열심히 했다. 보이지 않는다는 것. 그거 하나만 어려움이었다. 치열하게 싸웠던 자신과의 시간을 헛되이 만들고 싶지 않았다. 당당히 일반인들과 겨뤄 숭실대 철학과에 입학했다. 싸움은 그때부터 시작되었다. 다른 것은 접어 두고라도 교재 구하는 일이 왜 그렇게 어려웠던지. 시각 장애인을 위한 서적이 이렇게도 전무한 것인지.

　시각 장애인을 위한 기관을 찾아가 교재 녹음을 부탁했다. 책 한권 녹음하는데 보통 한달에서 두달이 걸렸다. 4년간의 쉽지 않았던 학업을 마치고 난 뒤의 소감. '나와 같은 이의 어려움을 같이하자' 재활쪽으로 눈을 돌렸다. 실생활에 도움되는 일. 그 간절한 생각이 컴퓨터로 옮겨지는 순간이었다.

■ 치열하게 싸웠던 시간

　당딩히 도전장을 냈다. 컴퓨터, 충분히 도전해 볼 가치를 느꼈다. 주저할 필요가 없었기에 미국 오하이오 주립대학 전산학과에 입학했다. '하자, 할 수 있다'라는 자신감을 수십 번 스스로에게 마취를 걸었다.

　"연구를 많이 해야 하는 학문에 시각장애라는 것이 혹 걸림돌이 되지 않을까 많은 고민을 했습니다. 그런데 아주 기초적인 어려움을 극복한 뒤로는 고난도의 어려움이 더 쉬워지더군요." 일을 만들어 가고 변화시키는 것이 마음에 달린 것 마냥. 장애인이라고 예외를 두지 않는 객관적인 평가. 혼자서 해내고야만하는 시간. 3년만에 다시 고국땅을 밟았다.

　공부를 한다고, 세상이 안 보인다고 한동안 하나님도 보이지 않았다. 그때일까. 하나님이 그이를 탁 하고 친 때가. 공부를 하면서 인간의 한계는 수시로 찾아왔다. 외롭기도 했다. 10여 년 떠난 하나님의 품이 간절히도 그리워졌다. 고국땅을 밟으면서 그대로 교회를 찾았다. 누가 나가라고 떠밀어도 이젠 당신의

'보이는 것과 보이지 않는 것'

품을 떠날 수 없다고 고백하면서.

"현재 우리 나라에 시각 장애인은 20만 명 정도 됩니다. 그중
에 극히 일부 1천여 명만이 컴퓨터를 사용하고 있습니다. 가격
도 그렇고 쉽게 접할 수 있는 상황이 되지 못하기 때문이지요.
다양한 프로그램을 개발하는데도 그때마다 필요한 자료들이
없어 힘이 듭니다."

좀더 장애인들에 대한 사회적 관심이 영글어야 한다는 안타
까움을 토로한다.

교회에서 그이는 중창팀의 세컨드 테너를 맡고 있다. 노래를
참 잘하는 줄 알았는데 그런데 모여서 하다 보니 전혀 아니더
라는 겸손한 말씨. '주님의 뜻을 이루소서'라는 찬양이 가슴속
에 알알이 맺혀, 지울 수 없는 명곡으로 남는다.

■ '주님의 뜻을 이루소서'

갑작스런 변화를 받아들이기 너무 힘들어 고뇌하고 실의에 빠
졌던 그 시간들. 보이지 않는 삶의 연결을 예전과 어떻게 이어나
가야 하는지 막막했던 순간. 긴 인생을, 볼 수 있었던 삶과 구별
짓지 않고 싶은 마음이 너무나도 간절했다. 공부를 계속 할 수
없었다면 이제껏 버틸 수 없었다고 털어놓는 간절한 마음.

성경의 뜻과 이젠 떨어지고 싶지 않다. 보이는 것과 보이지
않는 것. 애써 구별짓지 않는다. 그이가 세상에 보내는 시선은
그 누구의 시선보다 정확했다.

음악이 있는 마을 가이드 포스트

박홍부 집사의 다부진 고백

인생을 두고 어떤 결론을 내려본다면, 정답이 없다는 것이다. 6, 70평생 한 길 인생만을 고집 하는 이가 있는 반면, 거저 주어진 인생을 두고 모험 한 번 해보지 않는 밋밋한 삶을 거부하는 이도 있나. 두 상황을 두고 옳다 그르다 하고 판단을 내릴 수는 없다. 인생은 정답이 없는 결론에 의하여.

얼마전 공군 중령으로 푸른 제복을 벗은 '음악이 있는 마을 가이드 포스트' 기획실장 박홍부(38·수송교회) 집사는 두 상황을 몸소 체험하고 있는중이다. 어찌보면 하나의 상황은 마감을 한 것이고 또 다른 상황은 시작이 된 것이다.

굳이 '길다'라고는 말할 수 없지만 그이는 20여 년의 푸른 제복 시대를 마감했다. 중령이라는 좋은 계급으로 단 하나의 이유 때문에 제대를 했다. '하나님이 원치 않는 길'이라는 생각 때문에. 주위에서 '왜 좋은 대우

연습하던 손길을 잠시 멈추고 단원들이 모였다. 전체가 모이지는 못했지만, 하나 둘이라도 모이면 악기는 연주된다.

를 이유 없이 그만두느냐'며 만류를 했다. 사회에서는 제대로 실감이 나지 않는 중령이라는 계급. 조건 좋고 모든 것이 보장되어 있는 안락한 삶을, 한 길이 되길 거부하고 새로운 길 앞에 조심스레 섰다.

■ 한 길이 되길 거부하고

화려했던 생활, 전화 한 통화면 손 하나 움직이지 않고도 원하는 것이 순식간에 이루어졌다. 연륜이 깊어지기도 전에 편안한 생활, 좋은 생활이 일찌감치 몸에 배었다. 말 그대로 너무 편했던 생활, 너무 편했기 때문에 하나님이 치신 것 같다며 짧은 미소와 함께 일축해 버리는 그이.

'가이드 포스트'라는 오래된 문서선교지에 음악팀이 합류되어 '음악이 있는 마을 가이드포스트'가 95년 9월 탄생되었다. '건강하고 친근한 메시지를 줄 수 있는 음악'을 하고 싶은 순수한 동기가 기초가 되었다.

군인과 음악, 어째 가깝게 연결 고리를 찾을 수가 없는데 그는 사회에 첫 발을 내딛는 순간 제 2의 인생으로 음악을 택했다.

"완전히 상관이 없지는 않았지요. 음악에 대한 각별한 소망이 있었던 것만큼 군대 안에서 공군 음악 대장에 취임했으니까요. 나름대로 세상과 다른 음악과 노래를 하고 싶었습니다. '깨끗한 세상'이라는 타이틀로 공군 음악대 출신의 젊은 기독인들을 먼저 결집했습니다."

비전을 품은 사람들

'선교비전 2000'이 바로 그 첫 신호였다. 94년 12월에 창단된 이 팀의 호흡은 보고 느낄 수 있는 음악을 추구하는 거였고 그대로 선교였다. 기독문화의 정착, 다름아닌 더 가깝고 깊게 다가가야 할 청소년들에게 앵글을 맞추었다. 건전한 문화형성의 공감대를 '선교비전 2000'을 통해 속 시원히 이루어보고 싶었다.

군과 음악, 이왕이면 제대로 된 모양새를 갖추고 싶었고 새로운 모습으로 임하고 싶었다. 언젠가는 제대를 할 것이라는 끝없는 기약을 그이는 96년 4월 마무리 지었다. 제복을 벗자마자 챙겨 든 것은 역시 음악.

다른 음악이 되어야 하기에 '음악이 있는 마을 가이드 포스트'는 정말 알음알음 모인 소중한 인재로 알차게 꾸렸다. '선교비전 2000'에 있었던 이도, 대학에서 음악을 전공한 이도 이 뜻에 동참했다. 현대의 대중음악에 당당히 도전장을 낸 것이다.

■ 대중음악에 당당히 도전을

"지금의 대중음악 시장은 청소년들을 철저하게 그들의 판매 대상으로만 보고 있습니다. 동참을 한다거나 '같이'라는 말보다는 하나의 이익 관계만으로만 연결짓고 있지요. 이것은 청소년들에게 소외라는 커다란 상심을 안겨 줄뿐입니다."

이번에 출반될 첫 음반을 위해 새벽 3, 4시나 되어야 집으로 향한다. 신앙이 든든한 아내는 전폭적인 그이의 지원자이다. 군대라는 온실에서 벗어난지 8개월이 되었다. 역시나 생각했던 것만큼 현실은 만만치가 않다. 아내 역시 새로운 이 길 앞에 다

부지게 손을 모았다. '하나님을 사랑하는 마음만 있다면 어디라도' 하는 생각에.

이제 이들의 음악을 알리는 음반이 출반되고, 다음에는 '방황하는 친구에게'라는 타이틀로 전국 콘서트를 계획 중에 있다. 만국 공통어인 음악, 공감대 형성을 위해 분주히 뛰고 있는 모습. 음악을 가지고 타인을 위해 값없이 줄 수 있는 따스함을 위해 겨울바람 속에 그이는 바지런히 움직이고 있다.

뜬금 없이 찾아오는 푸른 제복에 대한 짙은 향수가 아른거리기도 한다. 사서 고생을 한다는 말, 때론 자신에게 하는 말 같아 씁쓸할 때도 있지만….

음반도, 전국 콘서트도 열의만 가지고 다 된다면 좋겠지만, 세상은 그리 마음처럼만 섣불리 도전할 수 있는 곳이 아니다. 기업 문화의 사회 환원, 이 사회를 짊어질 청소년들에게 투자는 곧 다시 기업으로 돌아가게 된다. 그러나 기업은 그들의 이익을 위해 연예인들 광고비로만 물 쓰듯이 돈을 쓴다.

건전한 기독문화를 위해 애쓰는 그이로서는 답답할 노릇이다. 당당히 그가 요구하는 것은, 값진 곳에 값지게 쓰일 수 있는 이익을 '음악이 있는 마을 가이드 포스트'에 나눠달라는 당연한 요구를 내비친다.

흐트러짐 없이 가야 할 길, 비록 황무지일지라도 반드시 꽃을 피우리라는 소망을 여기 이 자리에 심는다.

비전을 품은 사람들

"저의 힘만으로는 지치겠지요"

예술인교회, 배명식 목사

방배동 카페골목에 어슴푸레 새벽의 환희가 시작될 무렵, 어제의 온갖 요란함과 추함과 화려함이 스멀스멀 꼬리를 감추기 시작한다. 널부러진 유리조각과 휴지, 하루하루 반복되는 소란함의 군상을 청소하는 청소부 곁에 이리저리 비를 움직이는 또 하나의 군상이 등장한다. 이름하여 '우리 동네 기도회'라는 모임의 목사들이다. 카페촌을 중심으로 한 15개 교회가 뜻을 같이했다. 새벽기도회가 끝난 뒤 목사와 성도는 비를 들고 골목에 속속 등장하기 시작했다. 꾸준한 발걸음이 여기에까지 이르는 동안 그 누군가는 매일의 철야기도를 그만둘 수 없었다.

배명식(43·예술인교회) 목사가 이러는 이유, 카페촌 정화를 위해 노력하는 이유는 '거리의 정신'을 변화시키자는 것이다.

■ 카페촌 정화를 위해

조그마한 교회에 들어서는 순간, 배 목사가 외치고 있는 거리의 정신을 아주 쉽게 이해할 수 있었다. 흡사 도서관을 연상시키는 다양한 장르의 책과 전시회를 하는 듯한 그림들. 무수한 낱말들이 살아서 폴폴 날아오르는 생동감이, 연발하는 감탄사를 자제할 수 없게 만든다. 교회라기보다는 문화의 자리, 소극

장이라는 표현이 더 어울리는 곳. 카페촌이라는 특수한 환경을 끼고 배 목사가 개척한 예술인교회는 말 그대로 예술을 하는 목사가 있었다. 따뜻함을 가득안으며 휑한 거리에 시선을 두고 ….

1987년 크리스천 신문에 시가 당선되는 것을 시작으로 해마다 열리는 각종 공모전에서 빠짐없이 상을 받았다. 소설로 그림으로 무수한 달란트가 발동기를 단것 마냥 쉼이 없었다. 각종 기독 월간지에 영화 평론을 써온지도 꽤 오래 되었다.

목사로, 시인으로, 화가로, 영화 평론가로 기독교 문단에 빠질 수 없는 약방의 감초를 두고 정작 당사자는 한가지 일이라고 한다. '한가지 일을 하나의 마음으로 한다는 것', 그가 처음부터 걸어온 길이고 걸어갈 길이다.

목사가 되리라곤 상상도 못했던 시절, 한국 스테인 글라스 디자인 실장으로 일하면서 남몰래 문학의 꿈을 키웠다. 그러던 어느날 직장 생활에 회의를 느꼈다. '내가 지금 무엇을 하고 있나' 미련 없이 모든 것을 박차고 일어났을 때 선연히 보이는 길은 목회자의 길이었다.

"처음 목회를 시작할 때는 제가 가진 모든 달란트를 버려야 되는 줄 알았습니다. 시도 그림도 소설도 가지고 있던 보물을 아쉬웠지만 잊었습니다. 전형적인 목회를 했지요. 그런데 시간이 차츰 지난 뒤 하나님은 저의 모든 것을 원하신다는 것을 알았습니다."

문학에의 남다른 소질을 문서선교와 접목시켰다. 크리스천 포스트와 크리스천 헤럴드를 창간했다. 진짜로 읽을 만한 꺼리를 내놓아야 한다는 생각에서였나.

시 낭송 발표회를 시작했다. '한국 시 낭송가 협회'라는 이름을 시작으로 세상에 공개했을 때 반응은 '목사가 …?'라는 물음표였다. 우여곡절도 많았지만, 지금은 '예인회'라는 이름으로 인사동, 대학로 등 문학에 갈급한 이들이 있는 곳이면 곧 그 자리가 시 낭송회 자리가 된다.

방배동 카페촌에서도 드물게 좋은 행사가 벌어진다. '좋은 밤 보내기 운동' 이것 역시 배 목사의 머리에서 시작되었다.

"30대 이후로는 놀이 문화가 전무합니다. 기껏해야 술집에서 술 마시는 정도니까요. 마음 맞는 이들을 모았습니다. 스스로가 시도 낭송해보고, 만나보고 싶은 시인도 초대합니다. 모이는 것에 끝나지 않고 사회에 환원할 수 있는 일을 꾸며보기도 합니다. 얼마나 아름답고 행복한 일입니까?

굳이 기독교만을 고집하지는 않는다. 92년에는 '제1회 한일미술대전'에 입상했다. 목사가 일반 화단에 등단하기는 처음 있는 일이다. 93년에는 계간 '문학과 의식' 일반 문인지에 등단했다. 교계 안에서는 아직까지도 알 수 없는 이야기들이 나돌기도 한다. '목사가 문학을 한다며'라고.

정신의 질을 높이는 일을 한다는 자부심은 예나 지금이나 변함없는 지론이다. 기독교 문화예술에 대한 느리기만 한 진척이 배 목사로서는 아쉽기만 하다.

자신의 시에 직접 그림을 그린다. 시의 맛을 한층 더 감칠 나게 하는 일. 정평이 나 있는 솜씨에 기독문인들은 시화를 부탁한다.

문학의 해를 맞아 새해 벽두부터 시인들과 시화전 준비로 분주하다. 목포를 시작으로 강릉, 부산 등 바다가 보이는 곳을 찬찬히 밟을 예정이다.

비록, 나 한사람이지만 기독예술인들의 힘을 표출하고 싶다는 배 목사. 어김없이 새벽녘에 비를 들고 골목을 횡보할, 힘찬 그의 뒷모습에 오늘의 힘을 얻는다.

비전을 품은 사람들

왕년의 스타가 세상 속으로

별셋의 멤버, 손정우 장로

　TV라는 매체는 충분히 사람을 압도하는 위력이 있다. 그래서일까. TV를 통해 세상에 알려진 사람, 특히 연예인은 그 시대의 우상 같은 존재로 군림한다. 70년대초, 똑같은 옷차림의 남성 셋은 겁없이 TV라는 매체를 두드려 보았다. 가창력만 인정받으면 가수로서는 손색이 없었던 시대. '별셋'은 가창력으로 승부를 걸고 가요계에 등장했다.

　스타라는 말, 일단은 쉽사리 다가갈 수 없는 그 무언가가 존재하는 것 같다. 혜성처럼 한동안 가요계를 주름잡던 별셋의 멤버 손정우(49·종로교회) 장로를 만나러 가는 마음도 역시나 설렘 그 이외의 것이 있었으니까.

　세월이 참 많이 흘렀구나를 느끼게 하는 모습. 어느새 그의 모습에서는 TV 브라운관을 주름잡던 20대의 활달함과 청년의 풋풋함은 찾아볼 수 없었다. 중년으로 접어든 길, 세상말로 잘 나가던 한 인기인은 여느 사람과 똑같은 모습으로 세상 한 켠을 차지하고 있다.

　'별셋 손정우 주부노래교실'이라는 한지에 먹으로 써 놓은 조그마한 간판이, 거리를 지나치는 이에게는 한 번쯤 눈요기 꺼리가 된다. '아 그때 그 별들인가' 한 번쯤 나즈막이 나오는 탄성. 아직 옛사람들은 그 옛사람을 잊지 못하고 있는 것이다.

"지금 별셋의 활동은 각자의 생활에 충실합니다. 같이 있는 모습을 볼 수 없는 것은 당연한 일이지요. 간혹가다 가요 무대라던가, 행사하는 무대에 뜸하게 오를 뿐입니다. 그래도 노래라는 틀 안에서 각자의 생활을 새롭게 만들어 가고 있습니다."

서글서글한 말투 선한 웃음이, 이 사람이 접근할 수 없었던 인기 연예인이었던가 하는 생각을 잠시 가져 보게 만든다. 작곡 사무실, 주부 노래교실 한 켠에 차지하는 옛사람의 모습은 아직도 또렷한데…. 가수에서 복음성가 작곡가로 변신한 새로운 모습이 손 장로에겐 더 가까운 모습으로 남겨진다.

제1회 주부복음성가경연대회에서 '놀라운 사랑'으로 은상과 작곡상을 수상했다. 미처 발견하지 못했던 능력이 뒤늦게 나타나기 시작한 것이다. 그 뒤를 이어 '별셋 손정우 복음성가' 1, 2집을 동시에 발표했다. 예정되어진 길, 결국 돌아갈 곳은 신앙이라고 고백하는 손 장로.

15여 년 동안 인기가 세상이 변하는 모습에 따라 그대로 곤두박질할 때 단 한마디의 표현없이 그대로 물러나고 말았다.

73년의 KBS TV의 첫 출연을 시작으로 각종 가요대상에서 빠짐없이 받았던 상들. 어린이 프로그램에서 빠질 수 없는 고정 출연자로 세 개의 프로에 동시에 출연하는 최다 출연기록. 88년 올림픽을 기점으로 별셋의 활동이 수그러들기 전까지 이들은 단 한곡의 히트곡 없이도 최상의 인기를 누렸다.

인기는 밤무대에서도 그칠 줄 몰랐다. 극장식 레스토랑에서부터 스텐드바까지 전국 각지에서 이들에게 몰리는 요청은 과히 대단한 것이었다. 방송 출연료만 가지고는 힘들었던 시절, 이런 인기몰이가 싫지만은 않았다. 숨가빴던 생활이 인기도를 말해 주는 것같아 부지런히도 활동했다. 그런데 이건 아니라는 생각. 스텐드바 카바레에 몰리는 멀쩡한 수부들이 눈에 곱게 들어오지 않았다. 가정을 꾸리고 보호해야 할 주부들이 카바레에서 시간을 죽이고 있는 것이다. 신앙인이라는 풀 수 없는 마음의 실타래가 방향전환을 요구하기 시작했다. 재능을 보여줄 만한 장소로는 적합하지 않다는 생각. 그 뒤로 밤무대에서는 이들을 볼 수 없었다.

어린이 프로그램의 단골 멤버 별셋을 두고 프로그램 개편 때마다 방송국에서는 말이 많았다. 프로는 바뀌었는데 별셋은 계속 출연하니 개편 효과를 볼 수 없다는 것이다. 실상가상으로 출연하던 모든 어린이 프로에 출연 정지를 당했다.

암흑 같았던 시간들, 새롭게 시작해야 할 일들을 생각지 못하고 넋놓고 있었던 생활, 그때가 언제였나 싶게 아련히 기억 저편에 있으니···. 그랬던가, 한동안 이들을 볼 수 없었던 이유가. 옛이야기를 쉼 없이 몰아치는 동안 지난 이야기로 남겨 두고 싶은 걸까. 새로운 일들 앞에 손 장로는 두손을 불끈쥔다.

"지난 10월 8일은 저에게 있어 잊을 수 없는 날입니다 .장로로 피택 받은 날이니까요. 새롭게 태어난 기분으로 이 세상 앞에 섰습니다. 인기인은 변신을 많이 시도합니다. 저 역시 신앙으로 거듭 변신을 시도합니다."

왕년의 스타가 세상 속으로

성가대원으로, 성가대, 지휘자로 지금은 성가대 대장으로 봉사하는 찬양꾼, 작곡에 뛰어난 달란트를 93년 대전 EXPO에서 창작 어린이 뮤지컬 '피피오'에 유감없이 발휘했다. 작사, 작곡, 편곡까지.

현재는 주부 노래교실 강사로, KBS 라디오 '손정우 노래교실' 진행자로, 기독교 TV방송 '예수께로 가면'의 음악을 담당하고 있다.

주부 노래교실에서 그이는 슬며시 복음을 소개하고 있다. 가수가 아니라 복음성가 작곡가라고 굳이 소개하는 이유. 좋은 복음성가를 더 많이 작곡하려는 굳은 욕심 때문이다.

따뜻한 웃음, 각 교회에서 많이 찾아줬음 좋겠다는 자연스런 부탁. 가까이 다가갈수록 환한 그분의 사랑을 널리 전하고 싶기 때문이다.

생명의 선율을 연주하는 연주자

음악치료사, 하은경 씨

"저를 정금같이 사용하시려고 그렇게 단련의 시간들을 두신 것 같은데요. 울면서 매달렸던 그때를 잊지 않습니다. 다독다독 앞으로의 일들을 계획하면서 이 순간을 항상 마음에 새겨 놓습니다."

무엇을 위해서일까. 뜬금 없이 '정금'이라니. 속마음으로 또 다른 물음이 솟구쳐 오르는데, '그래서였구나'를 아는데는 그리 오래 걸리지 않았다.

나지막한 의자와 테이블, 올망졸망한 조그마한 악기와 피아노, 곳곳마다 켜 놓은 가습기는 충분히 아늑함을 느낄 수 있는 요건이 된다. 대기실과 휴게실, 그리고 강의실의 문패는 지점토로 만들어 앙증함을 더 해주는데…. 그런데 여기가 어디란 말인지.

음악치료사 하은경(35·청운교회) 씨는 조그마한 곳에까지 세세하게 신경을 쓴다. 치료를 위한 공간은 어디까지나 친근하고 포근해야 한다. 그래야 아이들은 '친구네집 놀러 가듯' 그렇게 찾아올 수 있다.

낯선 낱말, 음악치료사.

그이는 음악으로, 장애가 있는 사람들을 치료하는 일을 한다. 병을 치유하는데 음악을 도구로 사용하는 것이다. 음악으로 치료를 받을 수 있는 대상은 신경정신과, 뇌성마비자를 비롯해 암환자에게도 음악치료를 하면 그 완치율은 높아진다. 'music therapy(음악치료)'라는 학문은 아직 우리 나라에서는 낯선 학문이다. 활동하고 있는 음악치료사도 다섯 손가락으로 꼽을 정도로 몇 안된다. 하은경 씨도 이중에 한 명이다.

■ 음악으로 치료를

그이가 치료하고 있는 대상은 자폐아들이다. 무표정한 아이들에게 표정을 주는 일. 생동감 있는 눈빛을 주는 일이 그이에겐 중요한 치료 과정이다. 자신감을 주는 일은 무엇보다도 제일 큰 과제로 자리잡는다.

대학에서 피아노를 전공한 그이가 유독 관심을 가졌던 것은 '남과 더불어 살아야 한다' 는 것이었다. 음악을 가지고 할 수 있는 일을 찾았다. 더불어 살며 도움을 줄 수 있는 일은 그리 쉽게 떠오르지 않았다. music therapy라는 학문을 알아내는데도 오랜 시간이 걸렸다. 대학 1학년부터 잡은 결심이 졸업을 앞둔 즈음에야 희미하게 그 형체를 볼 수 있었다.

음악치료라는 낯선 학문을 접해 볼 수 있는 나라는 독일이었다. 독일로 가려는 결심, 부모님은 너무나도 완강히 반대하셨다. 그러나 그이의 확고한 결심은 어느 누구도 막을 길이 없었다.

"졸업후 '밀알선교단'에서 특수 장애아를 돌보는 일을 봉사했습니다. 서울대 소아과 병동에도 나가 자원 봉사를 했지요. 독일로 가기 전에 이 땅에서 부딪혀 보았습니다. 4년이라는 시간을 음악치료라는 학문을 공부하기 위해 열심히 살았습니다."

새벽기도마다 울부짖으며 갈 길을 열어 주길 기도한 연단의 시간이 드디어 스물 여덟이라는 나이에 열렸다.

독일행 비행기 안에서부터 소중한 인연은 시작되었다. 옆자리에 앉았던 독일인은 그이

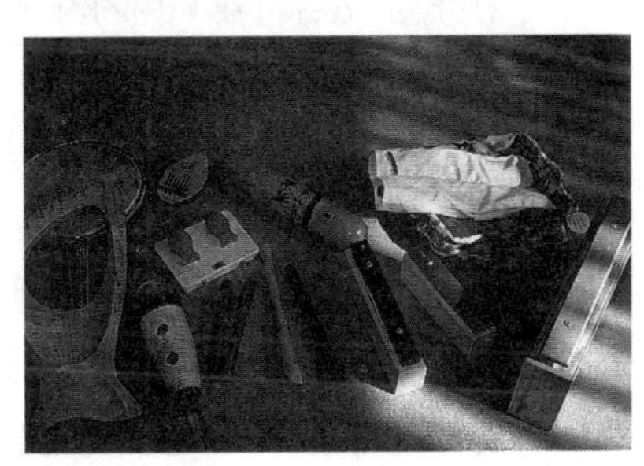

음악 치료에 사용하는 악기들은 모두 수공예 제품으로 수금, 첼로, 크로타, 피리 등이 있다.

의 앞을 비춰 주었고 독일에서의 4년 반이라는 날들 또한 신기한 듯 그렇게 잘 진행되었다. 지워 버릴 수 없는 확고한 신념은 '하나님은 언제나 나의 삶을 주관하신다'는 거였다.

■ 4년간의 연단, 그리고 독일행

한 아이를 한 번 치료하는데 소요되는 시간은 30분, 이 시간에 그이는 아이에게 맞는 악기와 노래로 치료를 한다. 무슨 일이 있어도 연주는 생음악이 되어야 한다는 철칙. 그리고 함께 한다는 것이다. 일대일 치료 방법과 그룹 치료 방법이 있지만, 비슷한 증상이 있는 환자를 연결해서 하는 그룹 치료 방법은

생명의 선율을 연주하는 연주자

쉽지만은 않다.

치료가 끝난 뒤 15분 정도는 휴게실에서 휴식을 취하도록 단계별로 세심한 배려를 해 놓았다. 치료에 사용되는 악기는 성경에 나오는 수금을 비롯, 첼로, 피리, 크로타, 아프리카 민속 악기 칼림바 등 현악기와 타악기가 치료에 이용된다. 사용하는 악기만도 50여종이 된다. 그 중에도 제일 중요한 사실은 모두 장인의 정신이 들어간 수공예 제품이라는 것. 사랑이 담긴 악기만이 치료를 가능하게 하리라고 믿는다.

정서장애로 인한 자폐증은 1백퍼센트의 완치를 요구하기란 불가능하다. 조금씩 세상과 더불어 사는 방법을 배우는 것만으로도 충분히 정상인 못지 않은 생활을 영위할 수 있다는 그이. 아이들의 변화하는 표정 속에 서서히 아이는 세상 안으로 들어오고 있는 것이다.

■ 세상과 더불어 사는 방법

공원이 같이 있는 음악 치료실을 열고 싶다. 아이들이 신나게 놀면서 치료도 받고, 더불어 환히 웃을 수 있는 그런 환경을 지금 조금씩 생각하기 시작했다.

좀 더 많은 이들에게 음악 치료를 공급하고 싶은데, 악기를 구입하는 것도 만만치 않은 일이다. 하나님의 사랑을 나눠주는 일도 음악 치료를 가지고 하고 싶다.

안타까운 현실을 토로하는 걸까.

"나도 장애인이 될 수 있다라는 생각을 우리 모두가 가졌으

면 해요. 같은 상황에 처한 부모님들까지도 더 나은 아이와 치
료받기를 원하는 걸 보면 안타까운 때가 많아요.”

　살포시 미소짓는 얼굴 속에 어느새 그이는 아이들의 천진함
이 배어 있다.

'덤으로 산다'는 간증과 인생관

부활의 교회, 한만영 목사

경력이 화려한 사람일수록 밑을 내려다보지 않는다. 잘 닦아
놓은 길을 시원하게 오르듯이 그저 올라갈 뿐이다.

"보라 내가 새일을 행하리니 이제 나타낼 것이라"(사 43:19)

새일을 행하기까지는 너무나도 많은 시간이 흘러야 했다. 경
력도 많이 쌓은 뒤에야 새일에 눈이 띄어졌다. 새일이 눈에 띄
어진 뒤에도 화려한 경력에 미련이 남아 있었다. 서울대 영문
과 대학원 국악과 졸업, 철학박사. 서울대 교수를 22년간이나
맡았다. 86, 88년도 한국의 국제적인 행사에서 없어서는 안될
인물로 거뜬히 한 몫을 했다. 국악개론이며 국악에 관한 전반
적인 이론을 다뤄 놓은 저서들은 대학의 교재로 지금까지 사용
되고 있다. 한만영(62·부활의교회) 목사의 이력은 이렇다. 내려
간다는 것을 인생의 패배로 볼만큼 승승장구 승리만 있었다.
때론 비와 바람이 몰아쳤겠지만 그것은 극히 일부였고, 언제나
따사로운 햇볕만이 내려 쪼였다. 안락과 평안, 그리고 일에 대
한 성취는 충분히 느낄 만큼 눈에 띄게 이루어졌다. 그런데 서
울대 교수라는 부와 명예, 천하의 영광이 따로 있지 않은 생활
을 누리던 한 지성인이 '낮아지리라 한없이 낮아지리라'는 결심

을 한 것이다.

■ '낮아지리라, 그리고 새일을 행하리니'

누군가는 그랬다. 뭐가 부족해서 목사가 되느냐고. 사업을 실패한 것도, 인생의 쓴 패배를 맛본 것도, 그렇다고 중병이 들어 생을 마감하는 것도 아닌 좋은 생(生)을 두고 왜(?)냐고.

그럴만한 이유를 대라면 딱히 떠오르는 것이 없는데…. 있다면 단지 76년 여름. '덤으로 살겠다'라는 약속 하나를 하나님과 한 것밖에는.

'덤으로 산다'는 이 책에는 한목사의 간증이 잔잔히 시작된다.

"중병이었지요. 후두암을 선고받았으니까요. 수술을 받고도 6개월 살면 많이 산다는 진단을 받았습니다. '하나님이 저를 살려주시면 덤으로 살겠습니다'라고 기도를 했는데, 이런 음성이 들렸습니다. '너 그 기도 처음 하느냐'는 음성 말이지요. 필름영상 돌아가듯 저의 이런 기도는 어려움이 있을 때마다 단골메뉴였습니다. 그때마다 주님은 다 들어주시더군요. 한 번만 더들어 달라고 매달렸습니다. '너는 죽지 않으리라'는 음성을 들었습니다."

수술대 위에 누웠다. 의사는 말을 잇지 못했다. '암이 없어졌다'는 말 외에 더 할 말이 없다는 진단이 내려졌다. 술렁거리는 의사들의 음성 속에 한 목사는 눈물만이 흘러내렸다. 감사의 눈물이.

모태신앙, 어려서부터 교회 안의 모든 일을 도맡아서 했다. 성가대 지휘자로, 집사로, 장로로. 그런데 그런 40여년 동안 한 목사에게 있어 참다운 크리스천의 향내는 없었다. '너도 밤나무'처럼, '나도 크리스천'이라는 희한한 당위성만을 갖고 살았다.

깨끗하게 없어진 암을 두고 한 목사의 어머니는 기도원으로 이끌었다. 병은 나았지만 '서울대 교수가 뭐하러'라며 뿌리쳤다. 간곡한 부탁에 이끌려 찾아간 기도원은 역시나 있을 곳이 못되어 보였다. 예배도 참석하지 않고 산에 올라가 담배만 피웠다. '내가 얼마나 바쁜 사람인데 이런 곳에서 시간 낭비를'. 그때 하필 회개의 욕구가 치솟았다. 2시간 동안 써 내려간 죄목이 73가지나 되었다. 그 다음은 '이하 생략'이라 써 놓고 기도를 하며 종이를 태우는 순간, 그동안 몸 안에 갇혀 있던 그 무언가가 쑥 빠져나가는 것이 아닌가.

■ 나도 크리스천(?), 죄목이 73가지나

그 뒤의 인생은 불같이 타올랐다. 한마디로 '예수에 흠뻑 빠져 사는 삶'이 되었다. 길거리, 학교, 버스 안에서도 만나는 사람, 부딪히는 사람마다 전도를 했다. 연락도 제대로 하지 못하던 친구에게 몇십년만에 연락을 했다. '우리 예수 믿자'라며.

비전을 품은 사람들

"덤으로 산다고 약속을 했으니 기쁜 마음으로 주어진 인생을 살았습니다. 장로로서, 대학교수로서 크리스천이 마땅히 해야 될 일들을 감사하며 행했습니다."

84년 장로로서 은혜교회를 개척했다. 물론 목사와 선도사는 따로 있었다. 교회를 옮기는 과정에서 마음 맞는 8가정이 모였다. 대학에서는 학생들을 가르치면서, 한 목사는 신학교에 나가 학생이 되어 공부를 했다. 교인들이 많아지고 행사가 많아질수록 하루 24시간이 모자랐다. 기회가 주어져 단위에 올라가 설교를 하게 되었다. 밑에서 설교를 듣던 목사는 한 목사에게 모든걸 위임하며 떠났다.

■ 덤의 인생을 목사로

'내가 너를 세웠으니 네 양을 치라'는 말씀을 져 버릴 수 없었다. 89년, 정말로 하고 싶었던 것이 아니라, 하라는 그 말씀을 듣고 미련 없이 교수 자리를 등졌다.

부활의 교회에는 각계각층의 성도들이 모여 있다. 등록 교인 4천 5백여 명, 출석 교인 3천여 명. 시작할 때보다 10배의 결실을 맺어 놓은 것이다. 한 목사는 처음의 결심을 되새김한다. 목사가 되었으니 이제 새 일을 행하자고. 일평생동안 새 일을 행하리라는 결심만이 가득하자고.

그림과 더불어 행복한 사람

수채화 개인전 연 유명애 권사

물(水)이 있어 좋고,
꽃과 나무가 있어 좋고,
산(山)이 있어 좋고,
단풍이 있어 좋아라.

시 한수 절로 읊어 마음이 평화로워지니 좋고, 세상만사 몽땅 쓸어서 투명하게 정화시켜 좋다. 사방을 둘러보아도 평화만이 가득하다면 거기가 바로 천국이요 별천지다.

볼꺼리가 항상 그득한 인사동 거리. 아직은 봄기운을 느끼기에는 이른 거리에 사계(四季)가 총 집합을 했다. 때 이른 계절의 향내를 맛보기 원하는 이들은 이런 좋은 기회를 놓칠 리가 없다.

한바탕 쏟아져 들어오는 사람들. 인사 갤러리는 사람들의 온기로 후끈후끈하다. 그래서일까. 유명애(51·상도감리교회) 권사는 한시도 앉아 있을 틈이 없다. 지난 번 인사 갤러리에서는 유명애 권사의 수채화전이 열렸다. 이제껏 한국수채화개인전에서 두 번째라면 서러울 정도로 규모면에서, 그리고 내용면에서 총체적 심혈을 기울인 작품 60여 점이 지상, 지하 화랑을 그득 메웠다.

잔잔히 퍼지는 탄성과 환희가 '사실적 화풍'위에 그대로 쏟아져 내렸다. 얼음 밑으로 졸졸졸 흐르는 봄의 냇가, 산길을 오르다 만나는 작은 세곡, 직렬히는 태양이 빚어 놓은 과일, 가을걷이가 끝난 들판을 그대로 들여다 보는 양 시원한 바람이 스쳐 지나 간다.

'아카데믹한 그림이 가장 순수한 아름다움이라고 믿는' 작가 유명애 권사. 4살 때 잡은 물감을 여기 이 자리까지 가져왔다. 운명인 것처럼.

■ '아카데믹한 그림이 가장 순수한 아름다움'

기독미술인협회, 수채신작파, 신미술인회, 한국수채화협회 회원 등으로 왕성한 활동 영역을 넓히는 그이는 한국수채화협회 부회장이라는 중직을 맡고 있다. 그림과 함께 세월의 흔적이 차곡차곡 쌓여 가는 사람. 맑고 투명한, 그리고 경쾌한 수채화를 마주한 그이는 보여주는 모습 그대로가 한 폭의 그림 같으니.

"내 평생 좋은 친구로 그림을 주셨으니, 그림으로 타인에게 기쁨과 평안을 주는 일은 저의 사명이 되었지요."

그림과 더불어 행복한 사람이라고 스스로를 칭하는데 전혀 어색함이 없다.

사람에게는 다른 무엇보다 환경이 중요하다. 천성적으로 좋은 환경을 두고 타고난 복이라고까지 한다. 그이는 참으로 좋

그림과 더불어 행복한 사람

은 복을 타고났다. 경성사
범 출신의 수채화가인 어
머니는 그이의 첫 번째 그
림 선생님이다. 그리고 넉
넉하고 든든한 후견인이
다. 점자(点字) 도서관 건
립을 위해 평생 모았던 작
품 1백여 점을 모두 희사

소나기 後 · 1995 · 64×90cm

한 어머니. 마음이 따뜻하게 두루두루 사람과 살아가는 방법을
익히고 배울 수 있는 모습이었다. 아버지는 팔순이 지나도록
인술의 길을 걷고 있다.

자식은 부모로부터 살아가는 양분을 먹고 자란다고 했던가.
그이는 바로 이런 환경에서 그림을 만났다. 누구의 강요도 허
락도 없이. 거기다 금상첨화인 것은 모태신앙이라는 것. 모든
좋다는 자양분은 골고루 갖춘 셈이다.

살아가면서 순간 순간 부딪히는 진로는 고민할 것이 없었다.
그림이라는 좋은 친구를 둔 덕분에.

■ 내 평생 좋은 친구, 그림

"고등부 교사 20년이라는 노력으로 근속상을 받게 됩니다. 교
회 안에서 교육 봉사하는 것만큼 값진 달란트가 없는 것 같은
데요. 무엇보다 기관 기관 그 안에서 스스로의 봉사는 아름다
운 그림이요, 신앙입니다. 얼마나 좋습니까. 아름다운 세상을
허락하신 그분을 위해 봉사한다는 것이지요."

비전을 품은 사람들

혹 교회 생활에 지쳐 있는 이가 있다면 그이를 만나 보라고 권하고 싶다. 당장에 샘솟는 기쁨을 느끼며 돌아 설 수 있으니.

만 오십이 되는 해에 돌아보고 정리하는 의미의 개인전을 열 계획을 일찌감치 세워 놓았다. '가장 정도(正道)의 길'을 가려 하는 작가의 모습을 보여줘야 한다고 생각했다. 세상과 자연을 바라보는 것조차 기독인의 양심이 빠지면 안된다는 고백. '나의 그림은 나의 신앙고백'이라는 그 뜻을 이젠 알 것 같다.

■ '가장 정도(正道)의 길'을 가려고

시부모를 모시고, 자녀를 키우고, 남편을 섬기는 한 가정의 주부. 전업 작가인 그이를 두고 모두가 내리는 결론은 모범적인 분이라는 것.

새벽부터 그이의 일과는 시작된다. 살림 사는 주부와 마찬가지로 집안 일을 소홀히 하지 않는다. 오전 10시경 집안 일을 마치고 점심 도시락을 싼다. 관악산 자락에 자리한 집에서 도시락과 그림 도구를 챙겨 들고 관악산으로 가는 버스를 탄다. 소풍가는 아이처럼. 언제나 산은 평화롭다. 졸졸 흐르는 작은 계곡도, 나무도, 새도, 꽃도 모두가 인사를 나누는 정겨운 이웃이다. 경이로운 자연을 접하고 접하면서 그이의 그림은 농익는다.

"산에서 내려올 때는 저녁 찬거리를 사러 동네 어귀 시장에 들릅니다. 사는 맛이 느껴지지요. 다들 아름답게 사는 모습입니다. 평화로운 풍경 속에 넋을 잃은 때가 많아요. 산에서, 시장에서, 얼마나 행복한지 몰라요."

　30, 40, 50대의 자화상을 나란히 걸어 놓은 그림 앞에 그이는 섰다. '오십을 지내며 내게 강(江)같은 平和넘치네'라는 친필을 새겨 놓은 오십 해의 자화상 앞에. 아이처럼 꿈이 많은 장거리 선수는 섰다.

그리스도의 사랑을 음악으로 이웃에게

사랑의 부부합창단 단장, 권순호 장로

지금으로부터 9년전, 대구에서는 '행복한 움직임'이 일어나고 있었다. '부부의 사랑을 가정에, 가정에 담긴 화목을 사회에 뿌리내리려는 움직임'이 조용조용 일어나고 있었던 것이다. 그 움직임의 주체는 부부였고, 단 2쌍의 부부가 큰 움직임을 꾸리고 있었다. 멋진 이름도 하나 내걸었다.

그리고 9년이 흘러 단 2쌍의 부부가 1백 50쌍이 되어 서울, 대구, 대전, 원주, 인천에 뿌리를 내렸다. 훌륭한 조직망(?)을 갖추고 있는 이들 부부의 멋진 이름은 '사랑의 부부합창단'이다.

믿는 사람들이 타인에게 모범적인 삶을 살아야 한다는 동기에서 모임은 시작되었고, 그리스도의 사랑을 이웃에게 전해 주는 사도들이 되기를 자처한 부부들이 하나, 둘 모여들었다. 이왕이면 사랑이 한껏 어우러진 화음을 만들 수 있는 음악을 통해 즐거움을 나누길 원했다. '선교와 봉사가 음악과 함께 행복하게 나누어지는 움직임'은 이렇게 시작된 것이다.

그래서일까. 처음이나 지금이나 한결같은 모습으로 사랑의 부부합창단 단장직을 맡고 있는 권순호(50·서울충무성결교회·숙명여대교수) 장로의 얼굴에는 화색(和色)이 만연하다. '한결

같다'는 칭송은 자신에게보다는 합창단원 모두에게 돌아가야
할 것이라며….

■ '음악을 통해 선교와 봉사를'

"부부가 서로 사랑해야 가정이 화목합니다. 가정이 화목해야
사회가 밝아지는 것이고요. 그럼 국가도 자연히 밝아지지 않겠
습니까. 사랑하는 부부의 화음을 담아 방방곡곡 등불의 역할을

단순히 음악만을 전달하지 않는다. 사랑의 몸짓으로 관객들과 일치하는 호흡을 느낀다.

하려는 겁니다. 봉사는 이미 자연스럽게 이루어지고 있습니다."

그냥 그들만의 모임으로 끝나 버리는 것이 아니라 매년 합창
단은 정기 연주회와 자선음악회 공연을 한다. 이들의 고정팬도
어느덧 1천여 명을 넘어 여의도 KBS홀, 햇불회관 등 누구든 발
길이 머물러 손쉽게 찾아올 수 있는 넓은 장소에서 이루어진다.

물론 입장료는 없다. 그러나 뜻있는 이들의 후원은 모두 소년 소녀가장에게 그대로 전달된다. 그리고 고아원, 양로원, 장애수 용시설, 군부대는 이들이 단골로 찾는 봉사의 장소이다. 단골손 님이 단체로 찾아가기 때문에 언제나 시끌시끌한 행복이 넘쳐 난다고. 각 지역을 해마다 돌아가면서 연주를 하다보니 전국적 으로 고정팬을 헤아리자면 무수할 것이라는데….

이들 합창단은 닫혀 있는 공간만을 고집하지는 않는다. 언제 나 젊음의 패기로 발랄한 대학로 거리에 '젊은이를 위한 음악 회'를 열기도 했다. 자식 같은 관객을 마주하며 살아온 인생담 을 맛깔스럽게 노래와 이야기로 풀어냈다. 물론 반응은 OK였 다. 아직은 늦지 않았다는 생각. 신세대와 구세대의 만남은 충 분히 이루어질 수 있다는 의견. 그리고 화합을 권 장로는 아직 늦지 않았다고 이야기한다.

노래 봉사를 위해 모여든 부부합창단원의 직업은 다양하다. 대학교수, 중·고교음악선생, 의사, 공무원 등 각계각층의 부부 들이 모여 사랑의 부부합창단을 이루었다. 모두의 공통점이 기 독교인이라는 것은 새삼 놀라운 사실도 아니다.

"선발 기준은 음악을 좋아하고 성가대를 할 수 있는 능력이 면 누구든 환영입니다. 연령 제한은 없습니다."

30대에서 60대까지 부부들로 구성, 간혹 2세도 합창 단원으로 등록하는 경우가 종종 있다. 부모의 화음을 어려서부터 듣고 자란 자녀들은 나중에 꼭 결혼해서 동참하려 한다는 이야기를 서로 나누기도 한다고.

그리스도의 사랑을 음악으로

■ 2세도 동참하는 매력적인 모임

성가뿐만 아니라 대중가요와 민요, 팝송에 이르기까지 모든 장르의 음악을 소화한다. 뿐만이 아니다. 멋진 율동 또한 전문 안무가의 도움으로 멋들어지게 연출해 낸다. 이래저래 이들 합창단의 공연을 한 번이라도 본 사람이라면 소박하고 아름다운 매력에 푹 빠져들게 된다.

단장직을 9년째 맡고 있는 권 장로의 하루 일과는 여느 누구 못지 않게 빠듯하다. 작곡과 교수로, 작곡과 과장으로, 20세기 작곡 연구회 회장으로, 교회 장로로, 나열하자면 수도 없을 중직을 양어깨에 짊어지고 있다. 또한 숙대음대 교수들이 각 파트별로 둘씩 조를 짜서 무료 음악회를 열기도 한다. 각 고등학교를 중심으로 순회 연주를 하는 것이다. 이것 역시 권 장로의 계획과 기획에서 이루어진다.

한 가지 일도 제대로 하기 힘든 현대 사회 속에 권 장로는 척척 훌륭하게 맡은 일들을 해내고 있다. 사랑의 부부합창단 단장인 동시에 지휘자의 위치에 서 있다. 교회에서는 성가대 지휘자로 봉사한다. 말 그대로 봉사의 도구로 쓰임 받고 있다. 맡은 바 열심히 최선을 다하는 그 길이 옳은 길이라는 믿음.

이러한 믿음 곁에는 권 장로의 아내 안영주 집사의 도움이 컸다. 피아노를 전공한 음악인 부부. 합창단과 성가대 반주자로 아내는 권장로의 지휘와 호흡을 이룬다. 이 부부의 호흡은 천하일품이다.

앞으로 광주, 부산, 제주도로 더 뻗어 나갈 계획을 가지고 있

비전을 품은 사람들

다. 나아가 해외에도 사랑의 부부합창단을 결성하려 한다. 부부
의 사랑 화음은 국경이 없다. YMCA, YWCA같은 매체가 되기
를 바라는 희망을 전세게로 날려보낸다. 매주 화요일 저녁 8시,
어딘가에서 들리는 사랑의 화음을 이젠 무심히 지나치지 못할
것 같다.

그리스도의 사랑을 음악으로

노부부가 끓이는 인생 향기, 인생 음악

교회음악의 대부 구두회 박사

백발이 성성한 노(老)부부는 베란다에서 화원을 꾸며 놓았다. 봄이면 어디서든 볼 수 있는 꽃들이 유독 이 노부부의 집에서는 더 특별하게 보이니. 무언가 다른 별난 영양분이 있는 것도 아닐 터인데. 구수한 하와이産 코나 커피가 보글보글 끓고 있다. 어딘가 다른 모습, 느낌. 평범한 노부부에게 흘러나온 향기는 다르다.

구두회(76·남산감리교회) 원로 장로와 아내 김경환(76) 장로는 동갑내기 부부다. 남들 같았으면 자식들 밑에서 부양 받는다고 할 나이에 아직까지 자신의 일을 갖고 사는 프로다.

'교회음악'에서 없어서는 안될 대부적인 존재 구장로. 10년 전 숙대음대학장으로 정년퇴직을 한 뒤에도 구 장로의 강의는 끊이지 않고 있다. 감리교신학대학교, 안양대학교 등지에서 교회음악을 꾸준히 강의하고 있다. 빼곡이 책을 담은 낡은 가죽가방은 10년전이나 여전하다. 간혹 써보는 베레모는 음악을 사랑했던, 사랑하는 청년 구도회의 모습을 연상시켜 준다.

팔순을 바라보는 나이에도 여느 대학생의 젊음 못지 않은 풋풋함을 간직하는 이유는 '음악(音樂)' 때문이다. 하고싶던 음악으로 평생을 살아왔으니 그것도 한 분야에서 독보적인 존재로 군림(?) 하고 있으니 남부러울 것이 없기에.

■ 교회음악의 대부(大父)

전공은 작곡, 지휘, 교회음악. 하나도 제대로 하기 힘든 공부를 뚝 부러지게 해냈다. 물론 쉽지 않았다. 차근차근 단계를 밟았다. 내려오기도 올라가기도 했던 그 자리를.

평양 요한신학교에서 신학을 공부했다. 신학의 끝을 보지 못하고 일제시대에 동경으로 가서 음악을 시작했다. 그러다 2차 세계대전이 일어났다. 학업을 중단하고 다시 한국으로, 평양에서 초등학교 선생을 했다. 해방후 대전사범학교 음악교사로 재직히디 고대의 전신 국학대학에서 영문학을 전공했다.

물론 중간 중간 붙여야 할 이력이 많다. 결혼 이야기, 6·25사변때 미군부대에서 미군장교와 간호장교 성가대를 구성해 지휘했던 이야기. 그보다 더 앞선 이야기 하나. 대전감리교회에서 서태원 목사를 만난 것이 교회음악에 획을 긋는 계기가 되었다. 서재필 박사 형님의 손자. 예배학을 공부한 서 목사는 구 장로에게 예배학에 대한 각별함을 부여했다. 기초를 튼튼히 다져 놓은 좋은 기회. 그 기회가 다가온 것이 천만다행이다.

결혼 이야기도 빼 놓을 수 없는 보석이다. 요한신학교에서 공부할 때 평양창광산감리교회에 파송되어 나갔다. 파송되어 간 교회가 처갓집 교회였다. 거기서 아내를 만났다. 성가대 지휘자와 반주자와의 대면. 그때 스파크가 일었다. 열 아홉. 이른 나이라고는 할 수 없는 시대 상황이었다. 십자군 장학금이라는 것이 있었다. 한국의 인재를 외국으로 유학 보내는 기회를 마련한 때. 주로 대상은 의사였다. 그런데 구 장로는 시험에 당당히 합격해 장학금 혜택을 받았다. 처자식을 한국에 남겨 두고 37

노부부가 끓이는 인생 향기

세에 보스톤 음악대학, 대학원 과정을 3년만에 밟았다. 그때 벌써 머리는 하얗게 세기 시작했다.

■ 37세에 보스톤으로

은빛 물결이 출렁인다. 아주 곧고 단아하게. 그리고 강직하게.

"미국에서 공부하고 돌아와 보니 우리 나라 찬송에 대한 문제점을 발견했지요. 대선배인 박태준, 장수철, 이동훈 선생들과 모여 새롭게 엮어야 한다는데 의견을 모았지요."

한국찬송가위원회가 결성되었다. 각 교단 대표 다섯 명이 선출되었다. 구 장로는 감리교 대표로 나가 찬송가 편찬작업을 시작했다.

'사철에 봄바람…(305장)'이 작곡된 것은 그즈음이었다. 1967년, 구 장로는 주옥같은 찬송 두 곡을 작곡했다. 304, 305장. '어머니의 넓은 사랑(304장)' 역시 구장로의 작품. 하나님의 축복으로 이루어진 가정. 누구나 부러워 할 만한 조건이 이 가정에는 가득하다. 슬하에 2남 1녀. 모두가 재원이다. 큰딸, 뉴욕 메트로폴리탄 오페라하우스 전속 바이올리니스트. 큰아들, 과학기술대학교 수학과 교수. 작은 아들, 한양대 공과대학 전기과 교수. 돈 하나 들이지 않고 공부시켰다. 모두가 국가 장학금으로 공부를 했다. 박사 가족. 박사들이 모인 사진이 거실에 놓여있다.

피아노를 전공한 아내를 소개하지 않으면 절대로 손해다. 서울 YWCA이사, 한불협회 회원으로 영어와 불어는 수준급이다. 아내는 사회에서 할 일이 많은 사람이다. 사회에의 환원 작업이 당연하다는 입장.

말을 이어가야 할 구 징로는 눈을 감고 있다. 차곡차곡 생각을 한다. 조리있게 해야 될 말을.

"이젠 정리해야지요. '음악신학'이라는 제하로 책을 준비하고 있습니다. 신학과 음악이 조화를 이룬 서적이 아직까지는 서툰 모양새를 하고 있지요. 교회음악에 매듭지어야 할 부분들을 하나하나 정리해야지요."

때에 따라 열어 주실 길을 왜그리 걱정들 하는지. 포기할 것과 돌아설 것을 아는 자는 후에 교회음악에 대부가 되었다. 출가한 자식들을 기도하는 노부부. 부양 받기보다는 기도로서 자식들을 여전히 부양하는 인생의 말미.

아름다운 백발이 은물결을 이룬다. 개나리와 목련이 조화를 이룬 정원을 지나친다. 그 노부부 생각이 난다.

노부부가 끓이는 인생 향기

'의료 혜택에 대한 각별함을 위해서 오지로'

오지선교 후원회 임문우 치과의사

안타까운 현실, 상황. 세상은 아직도 너무나 넓고 멀다는 생각. 우주를 왕래하는 작금의 시대에 모기에 물려 죽어 가는 사람이 있다면 과연 믿을 만한 이야기 꺼리는 될는지. 비행기와 고속 보트 자동차로 비포장도로를 몇 날 몇 시간 달려 찾아간, 말레이지아 보르네오섬 다타까꾸스 마을에는 이런 여인과 사람이 수두룩하다. 전혀 세상 병에 면역이 되어 있지 못한 사람들. 한 아이의 감기가 온 동네 아이들을 감기로 몰아간다. 감기에 걸려 또 죽는다. '의료 혜택'이라는 호화스런 단어는 먼 나라 사치품이다. 가까운 필리핀도 마찬가지이다. 몇 나라 알 만한 곳을 들춰보면 제대로 치료받지 못해 앓고 있는 우리의 이웃이 있다.

'네 이웃을 네 몸같이 사랑하라'는 성경 구절을 애써 떠올려 본다. 전혀 몸에 베어 있지 않은 사랑의 실천을. 손이 절로 따라가듯 따라가는 사랑이 아니고 애써 들어올려야 올라가는 의무처럼. 우린 그렇게 살아가고 있다. 크리스천임을 강조하면서도.

■ '상비약통을 오지에'

임문우(37·은현교회) 집사는 마음가면 몸이 으레 따라간다.

어떠한 가식이나 겉치레는 절대 사양이다. 이웃을 사랑하는데 조건은 따라 붙을 수 없다는 당위성을 내세운다. 그래서 이 일을 시작했다. 오지(奧地)에 '상비약통'을 보내는 일. 오지의 사람들에게 필요한 의료혜택에 대한 각별함을 저버릴 수 없다는 결심에서 비롯되었다. 조그만 질병 때문에 죽어 가는 사람을 살리는 일. 상비약통으로 그 출발선에 섰다.

그는 치과의사이다. 특별히 교정전문박사라는 한 분야에 남다른 권위를 가지고 있다. 특히 방학 때만 되면 아침부터 그의 병원은 북적대는 아이들로 초만원을 이룬다. 개인적인 시간을 갖는다는 것은 거의 불가능하다. 이렇게 중요한 때에 그는 열흘간 가운을 벗어버린다. 그리곤 상비약통을 들고 오지를 찾는다. 최대한의 의료 혜택을 베풀기 위해 밤낮을 쉬지 않는다. 작년에는 말레이지아를 두 번 찾았다. 치과의료를 준비해서 찾아가지만 결국에는 모든 병을 다 진료해야 한다. 만능의인이 되어야 한다.

"다타까꾸스 마을에는 의사가 없습니다. 주민들이 아파도 거의 죽기 직전까지는 마을을 벗어나는 일이 없지요. 의사가 상주하는 곳까지 배타고 차 타고 섬을 나오는 비용이 만만치 않기 때문입니다. 당분을 많이 섭취하기 때문에 열살 정도 되는 아이들의 영구치는 하나도 남아 있지 않습니다. 대부분 틀니를 해야 할 실정이지요."

3개월 동안 천 개 이상의 이빨을 뽑았다. 한 여학생은 이 기회가 아니면 이빨 뽑을 기회가 없다며 하루에 3번을 찾아왔다.

치과 의료팀은 이뻘뿐만 아니라 일반 환자 2백 명을 진료해야
했다. 열이 불덩이처럼 달아오른 아이들에게 대대적인 진료를
펼쳤다.

돌아올 땐 물론 상비약통은 마을에 놓고 왔다. 의료선교사는
일단은 돌아가지만 약품은 남아서 주민들을 치료하기 위해서
이다. 남은 약품이 효율적으로 쓰이기 위해서 그 지역인에게
확실하게 사용 방법을 교육시켜야 한다.

그이는 답답함을 금할 길이 없다. 선교에 막연한 환상보다는
실질적인 도움을 나눠주라고 호소한다. 제대로 된 후원을 한
번 해보자는 것이다. 의료 혜택을 못받는 이들을 위해 '오지선
교후원회'는 발족되었다. 의사도 직장인도 각분야에서 뜻있는
이들이 마음을 모았다. 발족을 해놓고 보니 할 일이 너무나도
많음을 깨닫는다. 음으로 양으로 도움을 주는 손길에 힘입어
상비약통에 중지를 모았다. 상비약통 한 개를 보내는데 드는
비용은 약 8만원. 수십만 개의 상비약통을 만들기 위해 그이는
발길 닿는곳이면 어디든 홍보를 한다.

'좋은 선교' 하나를 제안한다. 혹, 사업을 위해 오지에 가더라
도 상비약통을 들고 가라고. 좋은 일 할 수 있을 때 많이 해야
한다는 평범한 진리를 부각시킨다.

그이는 젊은이들에게 눈길을 돌린다. 오지선교 후원회에 많
은 젊은이의 참여와 자각이 있다면 사랑은 아직 식지 않았다는
데 초점을 모은다.

"신앙인은 곧 선교사라는 자아를 가져야 합니다. 특히 앞으로
의 기독교를 이끌어 갈 젊은이들의 올바른 자각과 동참이 아주

비전을 품은 사람들

중요하지요. 난민들이 있는 곳, 우리와 다른 그곳에 가서 몸으로 부딪히고 겪어 봐야 합니다. 같이 호흡을 한다는 것 그것이 중요합니다."

■ 신앙인은 곧 선교사

다락방전도협회에서 농어촌선교 봉사활동을 다니면서 착실하게 다진 신앙이 좋다. 모태신앙이지만, 처음 만난 신앙을 대학 2학년 때라고 굳이 자부한다. 한 달이 30일이면 20일은 농어촌으로 선교를 다녔다. 말 그대로 푹 빠져 살았다. 의료선교에.

하나님이 온전히 주인이 되는 삶. 그이는 그것이 좋다. 어떤 일을 하든 하나님이 인도하셔야만 가능하다. 그래서 기쁨이 가득하다. 원장실에는 키보드가 놓여 있다. 찬송가도 펼쳐져 있다. 임문우 치과의원에서는 오후 1시 30분이면 어김없이 직원 예배가 시작된다. 병원 식구 7명은 다시 그렇게 재무장을 한다.

기독교 안과하면 실로암병원을 떠올리듯 치과하면 임문우 치과의원을 떠올릴 수 있도록 노력한다.

이름 없이 빛도 없이 선교하는 많은 이들이 있음을 알린다. 묵묵히 예수의 사랑을 전하는, 나타내어지지 않은 과묵한 사랑을, 도구로 쓰임 받을 각 사람에게.

'의료 혜택에 대한 각별함을 위해서'

한국문화와 기독교와의 자연스러운 만남

구비문학자 한양대 최래옥 교수의 바람

토기장이 하나님은 아주 귀한 그릇을 빚어내셨다. 혹 지나쳤으면 큰일날뻔 한 귀한 그릇이 제몫을 톡톡히 해내고 있으니 하나님은 얼마나 좋으랴. 빚어 놓은 그릇마다 담을 수 있는 능력만큼 일을 한다면 세상은 그만큼 아름다울 터인데….

묵직한 책. 제목과는 달리 내용은 참으로 쉽고 친근하다. 꼭 읽어보라고 권해볼 만한 책이다.

최래옥(57·길음성결교회·한양대 국어교육과 교수) 장로를 만났을 때, 참으로 귀한 사람이구나를 느끼게 만든 건 이런 이유 때문이다. 자신의 일에 즐거움을 가지고 생활하는 사람. 일이라고 딱히 규정짓지 않고 생활로 이어지는 자연스러움. 전공 분야의 누구의 추종도 두려워하지 않는 넉넉한 자신감. 그리고 열정. 고전소설, 설화, 민속을 전공한 고전문학자요, 구비문학자. 민속학 연구가로 활동하는 최 장로의 활동 영역은 거의 독보적이라고 할 수 있다.

전설 조사를 위해 팔도강산 안 돌아본 곳 없이 다닌 자리. 그 다닌 자리마다의 흔적이 담겨 있는 테이프가 3천여 개. 교수 연구실에 빼곡이 들어찬 책, 그리고 바로 뒤 켠에 꽂혀 있는 테이프는 최 장로가 가져다 놓은 팔도강산의 흔적이요 체취이다.

■ 고전문학자, 구비(口碑) 문학자

남의 이야기를 땅에 떨어뜨릴세라 잠시도 쉴 수 없는 손놀림이 날쌔다. 청각을 시각화하는 작업. 그 작업을 위해 최 장로의 펜을 든 손에는 온갖 말들이 숨어있다. 그리고 이내 토해낸다. 온통 분홍으로 초록으로 물들어 있는 대학 교정에 최 장로의 펜도 아주 그윽하게 물이 들어간다.

메모할 준비가 항상 되어 있고 습관화 되어 있는 탓에 그간 타인의 설교나 강의를 깨알같이 정리해 놓은 노트가 여러 권. 아예 합본을 해서 또 한 권의 책으로 만들었다. 남의 말을 귀담아 듣는 자세와 정성이 배어 있지 않았다면 그렇게 힘든 작업을 거뜬하게 해내기는 힘들었을 것이다. '배운다는 자세와 예절'을 최 장로는 메모에서 찾고 있다. 귀가 부지런한 탓도 있다. 그만큼 많은 말들과 이야기를 들을 준비가 항상 되어 있는 것이다.

최고의 학부에서 박사 과정까지 밟았다. 대학 교수 생활 23년, 한마디로 잘난 부류에 속하는 사람이 전혀 그런 냄새를 풍기지 않는다. 오히려 서민들, 서민들 사이로 파고 들어간다. 전철이며 큰 버스가 다 내 차인데 작은 자가용이 뭐 필요 하느냐는 반문. 튼튼한 두 다리로 젊은이들과 뒤섞여 사는 재미를 왜 갑갑한 차안에서 갇히려 하느냐는 또다른 대답. 최 장로는 그렇게 산다. 평화롭게.

그가 펴낸 책이 40여권. 그중에 「되는 집안은 가지나무에 수박 열린다」는 방송 매스컴을 수차례 탄 책이기도 하다. 대학교재와 전래 동화집, 민속 창작동요집 등 거의 매해마다 책을 출간하고 있다. 지금은 「한국민간속신어사전」 편찬을 위해 해설 작업을 하고 있다. 만 오천 개 가량의 구절을 실을 예정이다. 백과사전 분량의 방대함을 눈앞에 두고 있지만 역시나 평화로울 따름이다.

현재 한국에 나와 있는 구비문학론은 총 3권. 그 중 2권은 최 장로가 썼다. 한양대 교수가 동국대 경희대 대학원 수업지도를 한다. 간곡한 부탁을 뿌리칠 수 없다. 한마디로 최 장로의 명성은 자자하다.

"하나님이 주신 건강으로, 그리고 달란트로 열심히 사회에 환원해야지요. 능력 있을 때 글쓰고 이야기도 많이 하고 강의도 하면서 살아야지요. 국문과 나온 사람이 글쓰고 말 잘해야 하는 건 당연한 것 아닙니까."

지도를 펼쳐 들면 찾아갔던 곳들이 그대로 선연히 나타난다. 안타까운 것이 있다면 학생들의 열의가 너무 많이 식어 있다는 것. 예전엔 곧잘 스승을 따라 자료를 찾으러 곳곳을 다니던 학생들이 지금은 손꼽아 하나 둘. 너무 안일하고 편하게만 살려는 젊은이들이 답답하다. 최 장로는 닫아두었던 답답함을 토로하고 만다.

■ 젊은이여 야망을 가져라

최 장로의 인생관은 삶을 아름답게 즐기는 것이다. '먹자, 놀자, 웃자, 자자'라는 4자주의(主義)를 손수 써보이며 평범한 삶의 순환은 이렇게 흘러가는 것이라고.

틈만 나면 찾는 청계천. 헌책방가를 돌아보는 것이 무엇보다 살맛 나는 일이다. 수업이 없는 오후 시간은 집으로 가는 길목에 위치한 시장도 느긋한 마음으로 들러 본다. 장기 두는 노인들 곁에 슬쩍 앉아 훈수 두는 재미도 그만이다. 고물책을 한 보따리 들고 들어오는 최 장로를 보고 아내는 슬쩍 한마디 해보지만, 딸 다섯을 여느 누구 못지 않게 훌륭하게 키우고 있는 금실 좋은 부부다.

7년을 같이 공부하고 가르친 제자가 맏사위가 되었다. 사범대를 나와 고등학교 선생이 된 것만큼 좋은 일이 없다는 최 장로. 천성이 욕심이 없는 사람이다.

"37세에 장로가 되었지요. 초벌 예수쟁이 때는 껄렁껄렁했습니다. 친구들과 모이면 '놀자대장'이 되었다가 교회에 가면 '착실대장'이 되었습니다."

구수한 옛날이야기 같은 소소한 역사가 한 장 한 장 펼쳐지고 있다. 참 재미있는 시간이 흐르고 있다. 최 장로는 앞으로 할 일이 많다. 충분히 일궈놓았다는 생각보다는 더 갈고 닦아야 한다는 생각에 펜을 쉴 겨를이 없다.

전공에 제 일인자가 되는 일(一學), 열 명의 제자를 키우는 일 (十第), 평생 백 권의 책을 쓰는 일(百書), 천명을 전도하는 일(千道), 만 명의 친구를 삼는 일(萬友). 쉬엄쉬엄 할 생각이다. 그러나 이렇게 살기로 마음먹었으니 부지런히 뛰어 볼 작정이다.

최 장로가 떠나는 그 자리마다에 남은 흔적의 언어가 또 하나의 구비문학이다.

비전을 품은 사람들

김요섭
조창식
홍수철
박경숙
박용주
권여현
이인실
구본철
김순원
김치경
김점옥

국악의 활성화, 동기부여는 사회에서부터

국립국악고등학교 김요섭 교사

96년이 '문학의 해'라면 94년도는 '국악의 해'였다. 언젠가부터 매해마다 특정 문화 부분을 지칭해서 우리는 그 행사들을 치러 내고 있다. 한해가 시작될 무렵 1년의 행사를 위해 나라 전체는 떠들썩하니 분주하다. 그러다 반년이 흐른 시간이면 자연스레 무감각해지고 만다.

지난 국악의 해도 그랬다. 그 해만 반짝할 뿐 2년 뒤 오늘, 우리는 그런 해가 있었는지도 모르고 있다. 나라에서는 국악을 적극 장려하기 위해 이동 공연 차량을 구입해 활발한 공연 활동을 약속했었다. 그러나 몇 번 공연도 해보지 못하고 한 해가 지나 버렸다. 일단은 공연을 보러 오는 사람이 없었다. 매번 공연 일자, 공연 시간을 알려줘도 대중은 외면했다. 어찌 보면 빈 수레처럼 소리만 요란하게 한 해가 지나가 버렸다.

첫째는 대중의 호응이 없었다는 것을 들 수 있다. 둘째는 사회의 전반적인 인식이 그렇게 만들어 버렸다. 과히 애석한 일이 아닐 수 없다.

'우륵당'에 고요히 앉아 빈 객석을 지키고 있는 김요섭(42·염천교회) 선생은 지나간 일들이 섬광처럼 스친다. 조금만 투자하고 노력한다면 가능한 일들을 수요가 없다는 이유로 공급이 이루어지지 않는 현실. 그 현실이 참으로 안타깝다.

국립국악고등학교에서 작곡을 지도하는 김 선생은 앞으로의 국악 발전을 위해 무던히도 애쓰는 사람이다. 국악계에 역량 있는 작곡가를 발굴하는 일. 그 일을 업으로 알고 있는 사람처럼.

■ 국악계에 역량 있는 작곡가 발굴

김 선생의 전공은 작곡, 서울대 국악과를 졸업하고 한양대학원을 졸업한 뒤 곧바로 교편생활을 했다. 교직 생활 18년. 남다른 열정과 관심으로 걸어온 길들 속에 스스로의 발전 또한 게을리 하지 않았다. 그래서였는지도 모른다. 굵직한 상들을 거머쥐게 된 것이.

1974년에는 동아 콩쿠르 국악작곡부문에 2위로 입상했다. 1993년에는 제12회 대한민국 작곡상을 수상했다.

무언가를 한다 하는 사람이면 한 번쯤 탐내 볼만한 상패들이다. 그리고 얼마 전부터는 김 선생의 곡이 매스컴을 타고 있다. KBS-FM 신작 가곡의 향연을 통해 발표된 '내 마음을 아실 이'는 따라부르기도 쉽고 흥을거리는데 전혀 어려움이 없다. 어느 누구라도 들으면 '좋다'는 말을 할 수 있을 정도로.

국악과 서양음악을 두루 꿰뚫고 있어야만 가능한 일들. 그 일을 아주 흥미롭고 즐겁게 하고 있다.

"국악은 민속악과 정악으로 나눌 수가 있지요. 민속악은 보통 판소리, 민요를 일컫는 것이고, 정악은 궁중에서 내려오는 음악으로 지식 계층들의 음악이었습니다. 정악이 국악 공연 때 자

비전을 품은 사람들

주 연주되지 못하는 것은 다양한 레파토리(repertory)가 없기 때문이지요. 앞으로 해야 할 일은 정악에 뿌리를 둔 새로운 국악의 창출입니다.”

무엇이든지 변하는 세상이다. 눈 깜짝 할 사이 우리는 우주를 횡단하고 있다. 음악도 예외는 아니다. 새로운 것에 대한 욕구를 국악에서 찾아보는 것도 충분히 가능하다.

작곡은 주로 낮 시간을 이용한다. 물론 밤 낮 가리지 않고 모티브가 떠오르면 오선지를 펴고 펜을 잡는다. 시기와 분위기에 따라 음악을 전개하는 과정이 쉬울 리 없다. 한 생명이 잉태되듯, 한 곡이 탄생되는 것이다. 피아노, 가야금, 피리, 단소, 소금, 플루우트까지 섭렵해 놓았다. 작곡하는 이라면 이 정도는 기본이란다.

이 악기가 집안에 가득하니 자연히 아이들은 아빠의 음악적 재능을 물려받을 수밖에 없다. 더 이상적인 것은 아내는 성악을 전공한 재원이다. 음악으로 한 가정을 이루었다고 해도 전혀 손색이 없을 정도다.

■ 국악과 교회음악의 확실한 조화

작년부터 춘천교대에 강의를 나간다. 실력 좋은 인재를 일찌감치 알아모신 셈이다. 그래서일까. 나름대로의 진로를 위해 김 선생은 다시금 고민하고 있다. 스스로를 키울 수 있는 자리를 찾고 싶다. 더 넓은곳, 더 많은 사람들에게 자신이 가지고 있는 능력을 나눠주고 싶은 마음이 언젠가부터 찾아들기 시작했다.

교회에서 성가대를 지휘하는 지휘자로 서슴없이 국악찬양을 성가대에 올린다. 시편 121편을 발췌해서 '국악 성가합창'을 횃불회관에서 발표했다. 물론 반응은 환호였다. 관객은 낯설어 하지 않고 쉽게 다가왔다. 그렇게 국악찬양을 만든 곡이 많다. 책으로 엮어 비매품식으로 일부에게만 나눠줬다.

"주위에서는 더 많은 이들에게 알렸으면 한다며 이왕 책으로 엮어 시중에 내놓자고 하지만, 교회는 아직 그럴 준비가 되어 있지 않은 것 같습니다. 색깔 있는 개량 한복을 내놓듯, 색깔 있는 국악찬양을 나름대로 만들려고 애썼습니다. 수요가 없다는 이유로 출판계에서는 공급을 하지 않으려는 것 때문에 사장되어지는 것 같기도 하구요."

기회를 기다리고 있다. 동기부여만 확실하다면 국악찬양을 교회음악과 접목시키는 것. 거기에 대한 김 선생의 의욕은 확실히 차고 넘친다.

우리 피 속에 유유히 흐르는 한국인의 정서를 김 선생은 반드시 끌어내고 싶은 것이다. 다름아닌 국악(國樂), 바로 우리의 음악에서.

비전을 품은 사람들

"더불어 살아야 살맛 나는 세상이다"

'한가족 맺기 사랑의 후원' 조창식 목사

혼자 잘 살려는 사람이 천지에 널려 있다. 아니, 누군가가 내 것을 빼앗으려 할까 봐 움켜쥐고 있는 모습이 선명하다. 겉으로 자물쇠만 걸지 않았지 마음은 이미 예전에 닫아 놓았다. 그런데 여기 나누어주길 주저하지 않는 마음들이 있다. 그것도 냉담하다는 서울 하늘 아래.

크리스천들이 나섰다. 사는 냄새가 난다. 그래서 그 속을 비집고 들어갔다. 하늘이 잠시 찌푸린 얼굴을 폈을 때 구산동 산 61번지에도 어김없이 햇살은 공평하게 비쳤다. 그때 그 시각. 사람들은 그 산동네를 내려오고 있었다. 산동네 어귀에 위치한 실로암교회로 삼삼오오 모여든다. 예배가 시작되려는 참이다. '한가족 맺기 사랑의 후원'을 위한 예배.

조창식(66·갈현중앙교회) 목사는 이날도 어김없이 결핵 환자촌을 찾는다. 조그마한 선물 꾸러미를 들고.

어느덧 2년이라는 시간이 흘렀다. 넉넉한 것은 아니지만 최대한의 혜택을 돌리기 위해 무던히도 애쓴 시간들이다.

■ '한가족 맺기 사랑의 후원'의 대장

1구좌에 5만원, 40구좌를 모아 여기 모인 40여명에게 전달을
한다. 물론 내놓을 만한 큰 액수는 아니지만 어디를 둘러보아
도 지역 교회가 뜻을 같이 해 지역을 위하는 일은 처음 있는
일이지 싶다.

현재 은평구 내에 23개 교회에서 40구좌를 모았다.

처음 시작은 94년 8월로 거슬러 오른다. 은평구 내에 자리잡
은 교회 목사들이 한자리에 모였다. 뭔가 남다른 일을 해 보자
는 자리였다. 거기서 나온 이야기가 같은 구, 같은 지역에 있는
'결핵 환자촌'을 도와야 한다는 것이었다. 중지를 모았다.

"처음은 그렇게 시작을 했는데, 말만 무성하고 다음은 시들해
지는 겁니다. 안되겠다 싶어 제가 나섰지요. 다시 임원들을 모
아 실행에 옮기자고 설득을 했습니다. 처음 그렇게 시작된 것
이 20구좌였습니다."

한동안은 많은 교회들의 동참으로 최고 63구좌까지 모였다.
이제까지 총 지원한 금액이 4천만원. 과히 적은 액수가 아니다.

그런데 시간이 흐를수록 점점 어려워지는 현실을 조 목사는
실감한다. 각기 넉넉하지 못한 교회 실정들 때문에 하나 둘 떨
어져 나가기 시작했다. 누군가가 서두르고 나서야 될 일.

조 목사가 이렇게 궂은 일을 마다하지 않고 애써 멍에를 짊어
지려는 이유는 남다른 목회 방향 때문이다.

비전을 품은 사람들

"내 교회, 내 교인만을 위한 그런 급급한 목회는 하고 싶지 않습니다. '더불어 함께 해야 한다' 고 생각합니다. 교회가 은평구 안에 있으니까 은평구를 위헤 교회는 개방되어야 한다고 봅니다. 결국 힘께 같이 잘살 때 개인은, 그리고 각 교회는 성장하는 겁니다. 교회는 열린 교회가 되어야 합니다."

■ '교회는 열린 교회가 되어야'

조 목사의 교회는 그래서 열려있다. 어느 누구든지 와서 결혼식도 하고 장례식도 하라고 문을 열어 놓은 것이다. 그래서인지 동네 노인들의 모임장소로 각광받고 있다.

은평구 교구회 총무, 은평경찰서 경목실장, 감리교 모스크바 선교회 총무. 조 목사의 직책은 이렇게 많다. 한 주가 어떻게 지나는지 돌이켜 볼 겨를없이 시간이 흘러버린다고 한다. 그렇다고 시무하고 있는 교회를 등한시하는 것은 아니다.

열린 교회를 표방한 만큼 최대한의 관심을 쏟아 부어야 하는 것이다.

집밖에 나와 있는 시간에 비례한 사모의 바가지는 없는지 그것이 궁금했다. 집사람이 없기에 이런 일들이 가능했을지 모른다고 조 목사는 묻힌 세월의 실타래를 풀어놓는다. 10년전 심장병으로 사모는 조 목사의 곁을 떠났다. "오랫동안 병상에서 투병생활을 하더니 그렇게 제 곁을 떠나더군요. 1남 2녀의 자식들은 다 출가 했습니다. 혼자 지내다보니 남들보다 더 열심히 사는가 봅니다."

그래서일까. 아픈 이를 보면 그냥 지나칠 수가 없다. 결핵 환

"더불어 살아야 살맛 나는 세상이다"

자촌에 남다른 애정을 쏟는 이유는 그래서였는지도 모른다. 발길이 멈추어지는 자리 그 자리를 떠날수가 없다.

판잣집. 다리도 뻗을 수 없는 한 평 남짓한 방에 내팽개치듯 살고 있는 결핵 환자들에게 더 많은 후원을 하고 싶다. 그래서 여기저기 있는 힘껏 도움을 요청해 보지만 아직도 한국 사람은 남을 돕는 것에 인색하다.

■ 결핵 환자들에게 더 많은 관심을

구좌가 많아지려면 보고 대회를 자주 해서 경각심을 일깨워야 하는데 여건이 허락칠 않는다. 앞으로 3년, 조 목사는 2년 앞당겨 2000년에 은퇴를 하려한다.

그리고 세워 놓은 계획이 있다. 복지사회에서 눌린 자들에게 그 복지를 맘껏 누릴 수 있게 해 볼 작정이다. 복지사회답게.

혼자는 힘들다. 그래서 도움을 청하는 것인지도 모른다. 남모르게 선행하는 일. 그것만큼 어려운 일이 세상 한 켠 어느 하늘 아래에서는 매달 이루어지고 있다. 크리스천들의 손에서.

'한가족 맺기 사랑의 후원' (02)383-9541~3

내가 할 수 있는 전부는 '고백'

'나의 고백' 홍수철 집사

한때 날렸던 인물이다. 텔레비전에 밥먹듯이 등장했다면 두 말 않는 것이 좋다. 세인의 입에 오르내렸다. 레코드점을 지날 때면 꼭 그 인물의 노래를 들어야 했다. 물론 스스로에게는 영광이었다. '사람이 이름을 남긴다'면은 이렇게 남겨야 한다는 본보기 같았다.

지금도 그를 알아보는 사람이 있다. 이야기를 시작하기 전 사인 공세를 받아야 했다. 옛 명성을 기억하는 사람들이다. 꼬박 7년간 드러내지 않은 얼굴이다. 여러 사람의 싸인 밑에는 일률적인 메시지. '주 안에서 승리'. 이젠 무엇과도 바꿀 수 없는 신조이다. 다시 그를 기억한다면 이 신조면 족하다. 그는 그렇게 되기를 바란다. 서두가 길었다. 홍수철(39·영락교회) 집사를 소개하기 위해서는 우회가 필요할 것 같았다.

조건없는 사랑에 감동해서 앨범을 내게 되었다고. 어줍잖은 기교와 세상직인 표현은 배제되었다.

한때 '철없던 사랑'으로 가요계를 주름잡던 그가 아니기 때문

이다. 댄스계의 물보라를 일으키고 80년대 주목받던 가수라고
생각한다면, 일찌감치 환상을 벗어 던지는 것이 좋다. 이제 그
에게서는 세상의 환희는 없다. 남은 것이 있다면 자신을 비운
맑은 공간 하나뿐.

■ 세상의 환희를 접고

"79년에 데뷔를 했습니다. 어린 나이인데도 겁이 없었습니다.
처음은 권투 선수 홍수환 동생의 이미지가 강했습니다. 형의
이미지가 너무나 강해 저는 언제나 형 다음이었지요. 형이 세
상에서 잊혀질 무렵, 다시 전 스스로 일어섰습니다. '철없던 사
랑'으로 말이지요"

형의 빛에 가려서 지냈던 세월. 그리고 맞이한 군복무. 군복
무를 마치고 세상과 맞섰을 때 그의 노래는 그제서야 물을 만
났다. 당시 86년. 미국에 마이클 잭슨이 '빌리진'으로 환호를 몰
았을 때, 한국에서는 그가 있었다. 나이트 클럽에서는 '철없는
사랑'이 단연 톱(TOP) 1위였다. 그 노래가 있어야 사람들이 춤
을 출 정도였다. 밤무대가 온통 그의 손아귀에서 좌지우지되는
것 같았다. 방송 출연은 왜 그리도 많았는지. 부(富)는 별 걱정
하지 않아도 될 만큼 여기저기서 들이댔다. 부와 명예를 한꺼
번에 가져다 준 자리. 거기가 세상 한 가운데였다.
주일학교 시절 잠깐 맛만 본 신앙생활은 아버지가 돌아가시
고부터 완전히 잊었다. 다시 찾아야 할 곳이라고 생각지도 않
고 묻어 둔 신앙이다. 그러다 아내를 만났다. 잘 나가던 시기에

만난 아내는 그의 부와 명예보다는 신앙을 들먹였다. 하나님이 보내신 사람처럼 아내는 그를 교회로 끌어당기고 있었다. 순순히 따라 나온 교회. 옛 신앙은 완전히 사장되지 않았다.

"지금도 '가요 톱10'은 수요일 저녁마다 생방송으로 진행되고 있습니다. 수요일 저녁예배를 가기 위해서는 방송 출연을 하지 않아야 하는데 어디 그렇습니까. 응당 방송국으로 제 발길은 향했지요" 그런데.. 전도사님의 그 한마디가 지금으로 이끌게 한 불씨가 될 줄이야. '세상 인기 좇지 말고 하나님 인기 좇는 사람되세요'라는 조그만한 불씨가 화근(?)이었다. 왜 그렇게 머리에서 떠나지 않고 사무치기만 하던지.

신앙인으로 거듭나는 길. 그건 순전히 스스로에게 달린 길이었다. 자제를 시작했다. 예배가 있는 날이면 응당 교회로 핸들을 돌렸다. 세상보다 하나님 품이 더 좋았다. 그렇게 서서히 신앙인으로 동화되어 갔다. 예전부터 그래야 되었던 것처럼. 그이는 좋았는데 세상은 긴급사태가 발생했다.

"홍수철, 어디로 연락하면 만날 수 있느냐고 방송국에서는 난리가 났지요. '교회로 연락하면 만날 수 있다'는 예기에 다들 아연실색해지더랍니다."

■ 묻어 둔 신앙을 찾아

자신을 죽이는 작업은 찬양으로 시작되었다. 세상과의 결별은 의외로 쉬웠다. 찾아 든 하나님 품은 참 따뜻했다. 고뇌와 번민도 우습게 찾아오지 않았다. 꼭꼭 숨어 준비를 했다. 고백을

내가 할 수 있는 전부는 '고백'

해야만 했다. 자아를 비우고 진리를 알게 하신 그분에 대하여.

"나는 욕심이 많은, 많은 사람들처럼 나만을 위하여 살았지 / 이 세상에 물들어 나는 방탕했지만 주님은 날 지켜 주었어 / 지금 주님 곁으로 나는 다가가지만 아직도 부족한 내모습 / 고개 숙여 엎드려 회개하며 울었네 주님께 안기고 싶어"

차안에서 작사를 했다. 집으로 향하는 길에 주님은 강하게 그이를 붙들었다. 쉴새없이 흐르는 눈물로 범벅이 되었다.

"왜 하필이면 하찮은 저를 붙드시는지 감격할 수밖에 없었습니다. 집 앞에는 도착했지만 들어갈 수 없더군요."

4년 동안 준비했다. '나의 고백'이라는 가스펠 앨범을 내기까지. 음반 표지에는 응당 있어야 할 그의 얼굴이 없다. 예수의 얼굴이다. 자아는 완전히 없어져야 하기 때문이다.

지난 여름 찬양집회는 많았다. 기타 하나만 있으면 찬양은 봇물처럼 쏟아져 나왔다. 어린아이가 따로 없었다. 흥에 겨워 방방 뛰는 모습에 절로 행복한 사람이 되었다. 매일 아침 큰 아이의 등교길은 예배로 시작된다. 집회가 있는 날이면 가족은 모두 집회장으로 간다. '가족은 언제나 함께여야 한다'는 것이 또 하나의 신조이다.

세상보다 부르는 곳이 더 많아진 하나님 성전. 그 성전 안에서 언제나 그이는 정상(TOP)을 지키고 있다. 하나님께 순종하는 사람으로.

비전을 품은 사람들

선교하는 프리마 발레리나

공주대학교 무용과 박경숙 교수

　사람들은 나름대로 제 환상 속으로 무대를 만든다. 때론 연극을, 음악회를, 뮤지컬을 올리고 신나게 그 세계 속에 갇혀 있다. 다시 세상으로 돌아온다.

　세상에서의 일탈은 삶의 새로운 회복이 된다. 그래서 사람들은 애써 연극 티켓을 영화 티켓을 구하기 위해 줄을 선다. 대중적이기에 더없이 몰리는 공연장일 수밖에 없는 영화관. 좀더 나은 무대를 갈급해 하는 이들은 주머니 사정을 고려해야 한다. 발레도 그중 하나. 섣불리 다가가기 어렵다는 인식이 제일 먼저 드는 건 사실이다. 몸동작 하나 하나에 담긴 언어를 이해하는 것도 그렇고 왠지 다른 부류 사람들이나 즐길 것 같은 문화로 승격화 되는 것.

　그래서 과감히 박경숙(39·영동그리스도교회 집사·공주대학교 무용과) 교수는 그 어줍잖은 머뭇거림을 탈피시키기 위해 대중화를 선언한다. 그런데 엄격히 따지자면 청소년에게 문을 활짝 열어 놓았다. 생각이 있기에, 남모르는 비전(Vision)을 숨겨 놓았기에. '청소년을 위한 발레의 밤'을 93년부터 무대에 올리는 것도 그러한 비장히 서린 각오 때문이다.

　벼가 고개를 숙일 때쯤, 무료 발레 공연을 기획하고 있는 그

이. 도대체 무엇 때문에 그이는 '발레와 청소년'을 연관시키는
걸까.

■ 무료 발레 공연을 기획하고

28세.

아주 이른 나이에 교수가 되었다. 물론 전임이 되기 전까지
강사, 부교수 자리를 따낸 것만으로도 아주 이른 나이다.

10년. 교수 생활 10년이 되었고 '박경숙 발레단' 창단도 10년
이 되었다. 10주년을 그냥 지나칠 수 없어 문예회관 대극장에
서 기념공연을 가졌다. 서울과 공주를 오간지 꼭 10년. 자신의
이름을 내건 자
신만의 무용단
을 이끌기에 또
한 젊은 나이.
그이는 그렇게
세상 속에 자신
의 이름을 겁없
이 내걸었다.

여전도회 회장직을 너끈히 감수하는 등 교회 일에 열성이다. 몸
과 마음이 부지런하고 세상을 바라보는 눈은 청아한 호수 같다.

충청도 지역
을 대표하는 발레단으로 자리잡기까지 흘려야 했을 땀과 노력
이 조금씩 결실을 맺을 즈음 벼가 고개를 숙이듯 그이도 고개
를 숙인다. 자신의 온갖 재능을 오로지 하나님의 영광으로 돌
리는 당찬 감사. 하나님은 응당 받으실 것이다.

"박경숙이라는 사람을 선교발레하는 사람이라고, 세상 속에 인식시키고 싶네요. 하나님 안에서 행하는 온갖 동작들이 사람들의 마음에 안식으로 와 닿는다면 그것만큼 큰 영광은 없을거고요. 여기까지 저를 이끌어 주신 크신 그분께 저를 통해 선교가 이루어진다면 하나님이 축복에 조금이나마 보답이 된다면 그러한 마음으로 발레를 합니다."

이미 잘 알려진 조승미 교수의 가장 사랑하고 아끼는 첫 제자라는 그이. 대학 3학년때 만난 조 교수 덕분에 바로 이 자리에 있을 수 있는 거라고. 한국에서 있을까 말까한 좋은 신체 조건이라고 모두가 입을 모아 말할 때 스스로는 자신의 탁월함을 인정했다. 교만이 마구 또아리를 틀 무렵 조 교수를 만났다. 승승장구하며 세상에 맞서 나갈 때 조 교수는 그에게 신앙의 연단을 쌓게 했다. 고등학교때 받은 약식 세례로 버텨 온(?) 신앙이었다. 스스로가 잘 나서 잘 나간다고 생각할 때 하나님은 때 맞춰 사도를 보내신 것이다.

성격이 소극적이라 대중 앞에 서는걸 두려워했다. 그건 발레리나에겐 치명적이다. 한국무용협회주최콩쿠르 발레 부문에서 특상 및 문공부장관상을 수상했다. 원서를 직접 사가지고 접수할 정도로 조 교수는 그이를 단련시켰다. 대학원 진학도, 일본, 미국으로의 연수도, 이끌어 준 은사 덕분이다. 그렇게 한 사람의 생애에 끼친 많은 영향. 그이는 스스로에 대해 할 수 있는 모든 이야기를 다하지 못하는 것이 아쉬운 눈치다.

"제가 공주대학에 부임했을 때 모든 것이 열악하고 아찔했

선교하는 프리마 발레리나

습니다. 체육학과에 무용전공이 있었는데, 발레전공은 고작 2, 3명이었으니까요. 무대에 한번 오르려면 당연히 힘들었습니다. 다른 팀안에서 협조 체제를 구축해 단원들을 꾸렸지요. 드디어 올해 무용학과가 생겼습니다. 동시에 학과장으로 승진도 했고요."

언니와 누나 같은 교수. 형제 자매처럼 발레전공 학생들은 서로를 다독였다. '에벤에셀'이라는 기도 모임을 통해 영적 성장을 했다. 영접하는 자를 바라보는 그이의 감회는 새롭다. 리드할 수 있는 신앙의 앞잡이가 항상 공존했으며 그 일로 힘이 나는 건 바로 그였다. 올해 졸업생 중에는 동남아 선교를 놓고 기도하는 제자가 있을 정도라니.

■ '선교하는 발레리나 박경숙'

그이의 창작 작품들은 모두 신앙의 일색이다. '탕아', '빛 – 만남', '새벽을 여는 사람들', '사랑에 빚진 자들' 등. 모두가 성경에서 굵직한 소재를 찾는다. 간혹 선교적인 색채가 있다고 하여 좋은 작품들이 무용제 시상에서 제외될 때도 있다. 상에서 욕심을 찾았다면 이미 실망하고 좌절했을 것이다. 그러나 상은 전혀 중요하지 않다. 그 공연을 본 사람이 신앙을 느꼈다면 그것으로 만족한다.

선교에 욕심이 이다지도 많은 사람. 공연 수익금을 몽땅 선교 헌금으로 보낼 정도이다. 청소년에 대한 비전도 '무용을 통한 선교운동'이다. 청소년들이 세상에서 위안을 찾지 않고 일생 동

비전을 품은 사람들

안 하나님을 바라볼 수 있는 순간. 그 순간 포착을 그이 손으로
하고 싶은 것이다.

10년을 한결같이 공주와 서울을 오가는 마음. 그 마음속에 그
이는 예전부터 결심을 하고 만다. '나는 선교하는 발레리나다'
라고.

비집고 들어 갈 틈이 없다.

선교하는 프리마 발레리나

효과적인 교회 홍보 인쇄물 만들기

크리스천 디자인 연구소 박용주 장로

길을 걷다 여기저기 널브러진 전도지를 보게 될 때면 박용주 (48·왕십리감리교회) 장로는 또한번 상심에 빠진다. 정성스럽게 건네주긴 했는데, 정작 받는 사람에게는 별 흥미꺼리가 되지 못했기 때문이다. 하나의 여느 종이와 다를 것 없는 종이 조각으로 전락해 버린 전도지, 받는 사람이야 어찌되었건 무조건 전도지만 건네주면 된다는 생각. 조금만 더 성의 있고 예쁘게 전도지를 만들었다면 혹, 읽어보는 정도의 정보지는 되지 않았을까.

무조건 십자가 하나만 덩그러니 그려 놓고 '예수 천당'만 써 놓으면 전도가 다 된다고 생각하는 옛날옛적 같은 이야기.

그것이 안타까워 전도지 한번 제대로 만들어 보자는 결심에 세상적인 일상을 다 접어 두고 '교회 홍보 인쇄물 디자인'에 뛰어든 그이의 남다른 이력.

석사학위 논문으로 '선교용 교회 홍보 인쇄물에 관한 연구'와 '효과적인 문서선교 제작물에 관한 연구'를 발표할 정도로 그는 교회의 인쇄물들에 덧입혀진 불신을 벗기기 위해 부단히 노력한 장본인이다.

■ 전도지 이젠 달라져야 한다

시각 디자인, 광고 디자인을 전공한 그이. 대한민국, 서울시 주최 시각 디자인 부문과 포스터 부문에서 안타 본 상이 없을 정도로 웬만한 상은 다 휩쓸었다. 대학 강단에서 광고학, 인쇄학, 광고디자인을 강의하면서 그의 입지는 더욱 굳어졌으며 이름만 대면 알 만한 기업들에서 광고 부서를 전담했다.

별 탈 없이 잘 살아왔는데 그런데 언제나 마음 한 구석에 남는 허전함 그것이 문제였다. '왜 삶의 근본적인 터전. 교회라는 울타리는 왜 그렇게 촌스럽고 발전할 줄 모르는가'라는 물음. 그것 때문이었다. 교회는 발전하고 훌륭하게 홍보되어야 한다는 생각이 마음 저 한구석에서 마침내 고지에 다다랐을 때 터지고 말았다.

과감하게 세상적인 일에서 멀어져야 한다고 생각했다. 드디어 1982년, 과감히 한 분야를 개척했다. 크리스천 디자인 연구소 '크리드'. 새 삶이 막 시작된 14년 전의 일이다.

"언제나 주보, 전도지를 볼 때마다 마음 한구석이 허전하니 쓸쓸하더군요. 교회 인쇄물은 수준이 낮고 그래서 무조건 싸야 한다는 공공연한 인식 때문에 답답했습니다. 한차례 겉도는 행사에 쓸 것들이라며 터부시하는 것도, 그냥 알리는 차원으로 머무르는 것도 심지어 속상했으니까요." 나에게 주어진 달란트가 광고, 홍보라면 하나님이 주신건데 하나님 터전을 위해 활용하는 것이 바람직하다고 생각했다. 교회 홍보물에 선두 주자. 이왕 하는 거 열심히 했는데 그만 튀는 사람(?)이 되어 버렸다.

효과적인 교회 홍보 인쇄물 만들기

기독교 방송의 '선교합창 대축제'와 '창작 복음성가제' 등의 포스터 디자인 제작. 극동방송의 '전국복음성가경연대회'와 '성가합창제'등의 포스터 제작이 맡겨지더니 기독교의 굵직굵직한 기관, 행사의 포스터는 모두 그의 손을 거치고 말았다. 극동방송의 전국 복음성가 경연대회 포스터는 지난 2회부터 오늘의 15회에 이르기까지 모두 그의 손에서 제작되었다. 맡겨보니 다르더라는 품평이 자자했다. 그건 당연한 결과였다. '이 길로 들어선 걸 후회하지 않는다'라고 결심했는데, 그 결심에 당연한 대가였다.

■ 교회 홍보 인쇄물의 마술사

5대가 한 교회를 장로 직분으로 섬기고 있다는 것. 참으로 귀한 가정임에 틀림없고, 더구나 교회 안에서 없어서는 안될 인물로 여겨진다면 그것만큼 특별한 영광은 없다. 그림을 그리는 재주가 있다는 장점을 주일학교에서 발휘해 본다. 그림을 그리면서 설교를 하고, 성경공부를 지도해 보니 반응이 괜찮았던 것. 산만하던 아이들도 모두 앞쪽으로 시선 집중. 그의 조그마한 노력들이 아이들에게 먹혀들었다. 그리고 생각. '세상은 변하고 있다. 교회도 변해야 한다.'

"아이들은 교회 밖을 나가면 얼마든지 화려하고 자신들의 입맛에 맞는 것을 고를 수가 있습니다. 그런데 교회는 영 입맛에 맞지 않는 것만 주니까 점점 주일학교 학생들의 수가 줄어드는 것입니다. 첨단의 문화를 교회 안으로 그대로 들여올 수는 없

습니다. 그러나 나름대로 교회문화로 바꾼다면 훌륭한 교육매
체가 되는 것입니다.”

　디자인을 전공한 사람이 크리스천 디자인 연구소를 설립해
놓으니 당연히 반응이 좋았다. 혼자만의 독주가 있었다고 생각
했는데 어느새 유사한 학원, 연구소들이 하나 둘 생겨났다. 그
이는 이런 현상을 매우 바람직하게 보고 있다. 선의의 경쟁. 당
연히 교회 홍보 인쇄물은 발전할 것이기에. 14년간의 노하우를
섣불리 모방하는 곳도 없지 않다.
　주보와 교회신문에 대한 그의 견해는 좀 이색적이다. 지역사
회에 생활정보를 제공해 주는 교회 홍보물이 되어야 한다는 것.
지역사람들이 자주 가는 곳, 생활에 편의를 줄 수 있는 것들이
조목조목 정리되어 있다면 다시 한 번 더 들여다보게 된다. 전
도지에도 여러 가지 모양을 착안해서 적용시켜 본다면 받자마
자 그냥 버려지는 수모는 당하지 않을 거라고.
　막바지 작업. 지금까지의 실무 경험을 토대로 교회 홍보 인쇄
물과 문서선교 제작물의 이론적 정립을 위한 출판사업도 초읽
기에 들어갔다. 괜찮은 노하우. 그 노하우의 ‘총망라’가 조만간
단행될 예정이다.

효과적인 교회 홍보 인쇄물 만들기

'인간' 그 끊임없는 항해의 여정

원광대 서양화과 권여현 교수

그의 작업실에 들어서면 사방을 둘러싼 작품에 눈길이 머문다. 시선을 피하고 싶어도 결국에는 또다른 작품에 머물고 만다. 조금씩 그 넓은 공간이 줄어든다고 한다. 작품들이 공간을 좁혀 가고 있는 중이다. 밥을 하루 세끼 먹는다는 일상이 자연스럽다면 작품 활동 역시 자연스런 하루의 일상이다. 권여현(35·지남교회·원광대 서양화과) 교수는 그래서 작업실이 좁아지는 것에 대한 불평이 없다.

한동안 바빴다. 전시회 하나 하는데도 정신이 쏙 빠지는 판에 동시에 두 곳에서 개인전을 열었다. 하나는 압구정동에서, 또 하나는 인사동에서. 일관된 주제는 '인간(人間)'. 섣부른 결론인지는 모르겠지만 그의 그림은 다양한 표현과 기법 안에 언제나 일관된 주제로 표현되고 있다. '인간의 본질'은 그래서 그이의 항상 애틋함에 그리워하는 그림의 소재들이다. 될 수 있는한 습득한 모든 기법들을 한 화면 안에 포착하는 특징이 그의 그림에는 내재한다.

복잡해 보이지만 결국에는 '하나'로 연결되는 아주 쉬운 그림이라는 스스로의 평. 서양화에서 할 수 있는 모든 재료와 사조를 함께 다룬다. 개념상으로는 설치에 가깝다는 사진작품전(96. 8. 29−9. 7 갤러리 '이콘')은 또 다른 방식을 채택한 것이다. 다

비전을 품은 사람들

분히 실험적이다. 서양화를 전공했다고 해서 틀에 박힌 그림만
그리라는 법은 없는 것이다.

■ 일관된 주제는 '인간(人間)'

원광대에 전임으로 출강하게 된 것은 지난 95년 초. 누가 뭐
라 해도 남들보다 빠른 걸음은 확실하다. 34세에 교수가 되었
다는 것. 88년도에 첫 개인전을 시작으로 17번의 개인전과 1백
20회의 그룹전, 그리고 수차례의 국제전을 열거한다면 만만하
게 볼 작가가 아니다. 84년, 대학 4학년 재학시 창작미협공모전
에서 대상을 받았고 86년과 90년에 동아미술상과 중앙일보청
년작가전에서 우수상을 수상, 유망한 작가로의 자리를 굳혀 나
갔다.

1년에 1백점 정도의 그림을 그리는 그이는 그래서 전시회도
1년에 2, 3차례는 거뜬히 치러 내고 있다. 그에게 있어서는 작
업에 파묻히는 일이 극히 자연스러운 일이다. 서울대 기독미술
인들의 모임인 '프로클레임'의 회원으로 활동중인 그이는 영원
히 떠날 수 없는 예수의 자리를 항상 마련해 놓고 있다. 원했던
일이 뜬금없이 술술 풀어질 때도, 생각지도 못한 곳에서의 도
움도 결국은 그분이 이끄신 일이 아니었는지.

유망한 작가라고 여기저기서 칭송이 끊이지 않는데 정작 자
신은 '화가가 되어야지'라는 야심찬 계획은 없었다.

"제가 하는 것들 중에서 그림을 그리는 것이 제일 잘 하는 것
이었어요. 소질도 있었고요. 잘 하는 것, 소질 있는 것을 키우는

'인간' 그 끊임없는 항해의 여정

일이 자연스러운 것 같았지요. 성격이 활발한 편이 못돼서 친구들과 어울리기보다는 혼자 책읽고 만화영화 보는 것을 좋아했습니다."

만화영화의 독특한 기법들에서 여러 가지 힌트를 얻었고 그 이미지를 그림으로 옮겼다. 참 좋을 거라는 생각이 든다. 자신이 잘하는 것으로 그 분야에 일인자가 되어 가는 모습이.
미혼인 권 교수는, 그것도 선한 인품을 가진 사람은 어딜 가나 인기가 좋을 것이다. 그이는 교수라는 권위를 벗어버린지 오래다. 교수 연구실은 언제나 문이 열려 있다. 화실처럼 온통 물감과 캔버스가 자리를 가득 차지하고 있다.

"지방이다 보니 정보가 열악합니다. 서울에 올 때마다 청계천에 가서 미술 재료들을 사다 놓으면 자유롭게들 가져가지요. 아깝다는 생각이요? 없어요. 그저 나누고픈 마음인 걸요."

작품 활동 시간을 굳이 나누어야 하는 모순이 어디 있을까. 시도 때도 없이 그이는 캔버스를 바라보며 8시간 이상을 꼬박 보낸다.
한 주의 강의가 13시간. 그 이외의 시간은 온통 그림 그리는 시간으로 보면 된다. '작가를 생활인이라고 생각한다.
예술인이라고 생각하지 않는다'는 짧은 명언. 뇌리에 참 깊게 머무른다.

비전을 품은 사람들

■ '생활인'으로 다가오는 '미술인'

막힘 없이 걸어온 길에 시련, 혹 아픔은 없었을까.

"직업군인인 아버지는 화가라는 건 여자들의 전유물로 생각하셨습니다. 전통적인 용감한 사내의 모습을 아버지는 화가에서는 볼 수 없다고 생각하셨던가 봅니다."

지금의 그이를 바라보는 아버지는 어떤 마음일는지.

사진 작품전에서 그이는 열 가지 분장을 스스로에게 했다. 대비되는 인간의 모습. 군복만을 입어야 전투복이 되는 것이 아니다. 물감도 갑옷이 될 수 있고 붓과 로울러도 총과 칼이 될 수 있다는 상황 설정. 사진을 보는 이는 그의 새로운 구상에 또 한 번 감탄을 하게 된다. 삶을 엮어 가면서 1년간의 짧은 미국 생활은 많은 변화를 안겨 주었다. 국가, 민족, 피, 혈통이라는 것에 관심을 가지게 되었고 소재의 폭도 한결 넓어졌다.

그에게 영향을 미친 것 6가지. 사회, 종교, 역사, 과학, 욕망, 사랑은 그가 나눈 큰 매듭이다. 그는 이 여섯 가지 매듭에서 "나를 둘러싼 모든 상황과 사건들이 어떤 형태로든 나에게 영향을 미친 것이고, 그 영향의 길을 역으로 추적하면 자아의 모습은 나타날 것이다"라고 고백한다.

그는 어릴 적의 순수하고 무궁한 체험을 작품에 표현한다. 80퍼센트 이상이다. '그림의 힘은 직접 경험을 표현할 때 가장 강해진다'고 그는 말한다. 그 신념을 언제나 그림에서 숨김없이 보여준다.

얽매이지 않은 의식이 날개 단 듯 유유히 가을 하늘을 난다.
참 평화로운 날이다.

'예술의 돌파구가 그림으로 자리하고'

대한민국기독교미술상 수상, 이인실 교수

완연한 푸르름이 절정을 이룬다는 여름. 자연은 오묘하게도 사계의 분명함을 천연히 드러내 놓고 있다. 경춘 국도를 끝없이 달리다 보면 어느새 차는 초록색으로 물들어 있다. 아직 자연은 이렇게 '건재'하구나 라는 안도감. 드문드문 자리잡은 인가가 꼭 한 폭의 그림 같으니. 그리고 또 감사한 건 '하나님은 정말 아름다운 세상을 만드셨다'라는 혼잣말의 감격.

이인실(62·소망교회 집사·숙명여대 미대) 교수는 구상이 떠오르지 않으면 무작정 춘천 가는 길에 오른다.

일상에서의 일탈. 그러나 그 일탈의 결과에는 반드시 성과물이 있다. 좋은 작품의 소재. 그 소재가 반드시 손에 들려 있는 것이다.

제 10회 대한민국기독교미술상이 영예를 안은 그이지만 소감 앞에서는 어쩔 수 없이 예수쟁이가 되어 버린다.

"세운 공도 없는 저에게 이렇게 큰상이 주어지다니요. 하나님께서 더 열심히 주의 일 많이 하고 주의 작품 많이 하라는 뜻으로 주신 줄 알고 모든 영광을 하나님께 돌립니다."

■ '제 10회 대한민국기독교미술상의 영예를 안다'

수상작은 산수화 '주여 긍휼히 여기소서'. 한마디로 압축해 창조의 경외감을 표출한 작품이다. 더없이 향토적이라는 평가. 하나님이 창조한 자연을 일관성 있게 추구하여 왔다는 그의 작품은 온갖 자연의 일생(一色)이다. 자연을 통해 믿음을 키우고 예술을 만든다라는 신념. 그 신념의 밑바탕에는 자연 사랑의 극치가 깔린 셈이다.

1934년, 평북 영변 출생. 김소월의 시에도 나타난 영변은 자연에 관해 괜시리 떠들 필요가 없다. 그냥 고개 한 번 끄덕이면 그만이다. 그런 곳에서 맘껏 성장했다. 자연은 그이의 온갖 놀이 대상이 되었다. 동양의 아름다움이 집약되어 있는 곳. 머릿속에 구상되어지는 작품을 하나도 숨김없이 캔버스 위로 옮겼다.

1949년 16세라는 나이에 국선에 최연소자로 입선했다. 그때의 당선작은 유화였다. 그리고 정신여고에 입학을 했다. 다행인 것은 그이가 미션스쿨에 입학을 한 것이다. 그러지 않았다면 영영 하나님을 몰랐을지도 모를 일이다. 그래도 신앙생활은 어째 주춤했다. 서울대 미대 서양학과로 진학하면서 주로 인물을 그렸다. 그러다 지금의 남편을 만났다. 민속학자. 당연히 한국에 대한 애틋함이 풍부한 그런 사람이었다.

"그러더군요. 한국 사람이 한국 것을 그려야 되지 않겠느냐는 조심스러운 조언을 하더군요. 머리에서 떠날 줄 모르는 그 조언으로 인해 우리 것에 대한 배움을 새롭게 시작했습니다."

10년 동안의 서양화를 단 한칼에 베어 버렸다. 그렇다고 전혀 무관하게 등한시 한건 아니다. 동양화와 서양화의 적절한 조화. 서양화와 동양화의 장점만을 최대한 살리는 남다른 시각을 가지고 있다. 그래서일까. 지난 5월 꽃그림 전시회에서 그이는 너무나도 많았던 찬사가 아직도 귓가에 맴돈다.

무언가에 대항하고 싶은 의욕과 그것에 대한 재능이 있다면 더할 나위 없는 금상첨화를 그이는 보여주고 있다.

숙대 미술대학 교수. 숙대 평생대학원 원장, 숙대 박물관장. 참으로 많은 직함을 어깨에 진 그이는 버거워 하기보다는 제대로 못하는 것이 아쉽다고만 하니. 여류산수화 회장, 서울대 미대 동문모임 한울회 회장, 작년까지 4년간의 임기를 채운 한국기독교미술인협회 회장직을 쭉 나열하다 보면 참으로 바쁘게 사는 사람이구나 하고 고개를 끄덕이게 한다.

이렇게 바쁘게 살다 보니 집안에는 소홀할 수밖에 없는데도 아이들은 아무 탈없이 잘 자라 주었다. 더구나 놀라운 건 모두 다 미대로 진학을 했고, 큰아들은 미대교수로 두 딸은 각각의 분야에서 뛰어난 능력을 발휘하고 있다. 더구나 막내딸은 동양화를 그리고 있으니. 그리고 또 한가지 사위도 미대교수이다. 그림을 사랑하는 집안. 하나님은 어떻게 같은 달란트를 한 집안에 왕창 부여하셨을까. 부러움 반 시샘 반이 갑자기 하늘로 날아간다.

■ 1남 2녀의 자녀들도 모두 미술학도

나이가 들수록 자연을 바로 보는 시각이 달라진다. 20, 30대

'예술의 돌파구가 그림으로'

에 여름이 좋았다면 40, 50대에는 가을이 좋았다. 60줄에 선 요즘 겨울이 좋다. 아무런 말없이 세상의 더러움을 다 덮어 주는 설경 앞에서는 어떠한 것도 다 용서가 된다. 그래서 하얀 하늘을 많이 바라보게 된다. 예전엔 그렇게도 하늘이 아름답다고 생각하지 못했는데.

"해를 거듭할수록 자연이 의미 있게 다가옵니다. 봄을 기다리는 인고의 생명체도 새삼스럽게 말이지요. 현재의 자연에서 다음 세상을 바라보게 되는 것도 어찌 보면 믿음이 자꾸 자연으로, 그림안으로 스며드는 것 같습니다. 태초에 창조주가 만드신 아름답고 순수한 자연이 자꾸 머릿속을 맴도네요."

수묵담채로 함축적이며 은유적인 형상으로 표현하는 그이만의 자연. 스스로를 비워 내고 겸허한 자세로 마주한 자연은 그에게는 분명 신성(神聖)한 공간이다.

3년 뒤면 정년. 그림이 있었기에 삶의 커다란 돌파구 하나를 가졌다는 그이. 정년이 되면, 못다한 성경공부와 전도를 실컷하고 싶다.

그의 눈이 빛난다. 모든 것을 다 포용하고 인내하며 인고의 세월을 간직한 한겨울의 인적 없는 곳의 설경처럼.

"네 시작은 미약하였으나 네 나중은 심히 창대하리라" 그이는 이 말씀을 크리스천의 주파수에 맞추었다. 그리고 출발선에 섰다.

온갖 재능이 뭉쳐 세상에 행복으로

한국건전놀이연구원 원장 **구본철** 집사

사람 사는 곳에는 각각의 사는 이야기가 있다. 옛부터 내려오는 이야기 중에는 '가난한 날의 행복'을 주제로 한 이야기가 많다. 비록 가난하지만 그 집에는 웃음이 끊이지 않았더라는 훈훈한 소박함이 전해지던 내용. 웃음. 누군가는 그랬다. '웃음이 만병통치약'이라고. 그래서 웃음 곁에는 언제나 건강과 행복이 함께 한 것인지도 모른다.

한바탕 웃고 나면 몸안의 노폐물이 싹 빠져나가는 기분이 든다. 굳이 웃음이라는 테마를 끌어들이는 이유. 구본철(41·효민성결교회) 집사는 타인의 웃음을 위해 존재하는 인물이다. 웃음을 이끌어 내고 화합하는 자리에는 결코 빠질수 없다고 자처한다. 그렇게 자처한 시간들이 어느덧 16년. 이 땅에 무언가 뿌리내리고자 결심한 씨앗이 조금씩 싹이 트고 열매도 맺었다. 이제와 한숨 한 번 쉬고 돌아본 자신의 자리가 그래도 허전해 보이는 이유는 뭘까.

■ 타인의 웃음을 위해

참된 문화·참된 놀이·참된 자유를 표방하고 나선 한국건전놀이연구원. 이곳이 그이의 터전이요 삶이다. 레크리에이션과 각종 이벤트 캠프를 진행하는데 어느 누구의 추종도 두렵지 않다. 거의 독보적이다시피 걸어온 길.

80년대 초반. '캠프문화'라는 낯설은 문화를 일으킨 장본인인 그이는 이제 막 사십줄 대열로 들어섰다. 그래도 여전히 통기타가 잘 어울리고 카우보이 모자에 구색이 맞다. 천성일지도 모른다는 놀이문화에 대한 남다른 철학. 처음은 다른 모습으로 그의 천성을 발휘해 보였다.

80년대 중반이면 '구본철과 코러스'를 분명 기억하고 있을 거라는 이 모임의 리더였던 그는 한때 잘 나가던 통기타 가수였다. 일반 대중들에게 잘 알려진 가수 임지훈, 윤설하 등도 그때 같이 활동했던 멤버들이라고. 통기타 문화의 산실인 '코러스 다방'이 그의 끼를 한껏 발휘할 수 있는 자리였다.

만남과 노래가 건전하게 어우러진 자리에 자연스레 모임이 성립되었다. 뭔가 좋은 일 해보자고 모인 젊은이가 일을 하러 나선 것이 뜻밖에도 '복음 전파'였다. 모인 이들이 기독인 이었고 대중과 친근해 질 수 있는 통기타가 주무기였던 셈이다.

선교할 수 있는 길을 열어 놓고 나니 천성이 발동기를 단 것마냥 마구 돌았다. 그가 가는 길에는 웃음이 동반했다. 그래서 그 누구보다도 행복했던 건 그 자신이었다.

"고 2때 교회 본 성가대 지휘를 맡았습니다. 그리고 고 3때는 부천시립청소년합창단을 지휘했고요. 노래와 음악은 항상 제 곁을 떠날 줄 몰랐습니다. 자연스레 음대로 진학했지요. 전 유명한 지휘자가 될 줄 알았는데 길은 다른 곳에 있었던가 봅

비전을 품은 사람들

니다."

대학 때부터 그 천성이 근질근질했다. YMCA에서 Sing Along(나함께 부르기) 운동을 주도했다. 동요 부르기, 어린이 캠프, 유아 캠프를 착안해 냈다. 다함께 노래부르는 운동을 대상 안가리고 활성화 시키다 보니 어른, 아이 모두에게 굉장한 호응을 일으켰다. 한마디로 노래부르기의 바람을 일으켰던 것이다. 그러다 떠오른 것. 주부들에게 일상의 활력소를 불어넣어 줄 수 있는 일이 없을까 하는 생각을 했을 때도 역시 노래였다.

주부노래부르기 운동을 소금씩 활성화시켰다. 결과는 예상대로 였다. 지금은 각 문화센터, 시청 구청 문화센터에 주메뉴로 등장하는 프로그램이다. 각 문화센터의 주부가요교실 강사로, 회사, 단체 모임의 행사를 기획, 진행하고, 캠프를 이끄는데 한바탕 진을 빼놓고 나면 몸이 녹녹해 진다.

■ 웃음·노래·행복을 이끄는 사람

이렇게 세상 이벤트는 날로 발전해만 간다. 직접 기획하고 구상하는 입장에서 보면 세상의 볼거리는 날로 풍성해지는 것이다. 교회 안은 어떤가. 요즘 들어 그이는 새로운 고민에 빠져 있다. 세상 놀이는 점점 첨단화를 동반하는데 교회의 문화는 몇십년전 그모습 그대로를 고수하고 있다.

여름성경학교 캠프도 이름만 캠프일 뿐 여전히 제자리 걸음이다. 교회만의 독특한 교회 놀이 문화. 과감한 투자만이 가능하다는 것이다.

온갖 재능이 뭉쳐 세상에 행복으로

"교회 안에서는 단지 교사들의 봉사만을 바랄 뿐입니다. 과감한 투자라든가 교육은 시키지 않고 개인적으로 어떻게 노력하기만을 바랄 뿐이지요. 레크리에이션 지도자의 80, 90퍼센트가 기독교인입니다. 창의력을 개발하고 의욕을 불어넣어 주는 뒷받침이 있다면 교회 놀이 문화는 확연히 달라질 것입니다."

'기독레크리에이션에 관심이 있는 사람들의 동아리를 만든다'고 표방하고 나섰다. 굉장한 호응이 있을 줄 알았는데 그이는 실망하고 말았다. 찾아오는 발길이 드물다. 의욕을 가지고 모든 것을 무료로 최대한 그간의 노하우를 풀어 볼 작정인데. 세상은 놀이 문화에 대한 관심이 날이 갈수록 호화찬란해지는데 교회는 정작 잠잠하니.

"그래도 해야 될 일은 해야지요. 성경을 토대로 교회 놀이 문화를 개발해 볼 작정입니다. 성경 안에서 놀이거리도 찾아 보고요. 말 그대로 기독레크리에이션을 창출해 볼 겁니다."

어울림이 좋은 세상. 아직 세상은 소박함을 위해 노력하는 그 누군가가 있기에 밝다. 행복을 만드는 공장. 그이의 머리는 행복을 만드는 중이다.

비전을 품은 사람들

영화 주인공이 되어 살아온 40년

KBS성우신우회 회장 **김순원** 권사

　'엄마 찾아 삼만리'., '프란다스의 개', '겁없는 소년', '달려라 하니'. 80년대를 화려하게 수놓았던 만화영화는 청년이 된 90년대의 젊은이에게 결코 잊혀질 수 없는 명작(名作)이다. '마르꼬'가 그랬고 '네로'가 그랬듯 같이 울고 함께 기뻐했던 그런 시절이 있었고 하니를 무진장 좋아했던 '창수'를 바라보며 안쓰러워하기도 했다.

　여느 명화보다 아이들의 마음을 설레이게 했던 만화영화는 아마 인생의 황혼기라는 4, 50대가 되어도 분명 잊혀지지 않을 것 같다. 이미 마음 한구석 그때 그 장면을 곱게 접어 둔 이도 있을 테니까.

　만화영화와 함께 한 40년의 세월이 참으로 빨리 흘렀다는 김순원(57·여의도순복음교회) 권사는 다름 아닌 만화영화 주인공들의 목소리를 감칠맛 나게 연기한 성우.

　이미 수려하게 열거된 만화영화의 주인공은 김 권사가 잉태한 목소리이고 생명이다. 그래서 김 권사를 마주하고 앉아 있을 때도 만화 주인공과 이야기를 나누고 있는 것 같은 착각이 들 정도이다. 만화 안으로 들어가 버려 그 세계 속에 흠뻑 빠져 있는 느낌.

■ 만화영화 주인공은 모두 그의 손안에

60을 바라보는 나이에도 아직 어린아이의 목소리와 순수한 생명력을 지니고 있는 김 권사의 성우 생활은 가히 신기에 가깝다. 15살, 우연히 방송국에 놀러 갔다가 어린이 합창단 지휘자의 권유로 시작한 방송 생활은 42년이라는 한결같은 시간을 한자리에 머물게 했다.

"참 이상한 일이지요. 방송 생활을 시작한 바로 그해에 집안의 가세가 점점 기울어지는 거예요. 아버지가 사업에 실패를 하셨지요. 8남매 중에 셋째인 제가 가장 노릇을 했습니다. 일단은 벌이가 저에게 있었으니까요. 9년 동안 짊어졌던 생활의 곤궁함은 말로 표현할 수 없습니다. 아마 연단의 기쁨을 주시려고 그랬나 봅니다."

어린 나이에 주목을 받아 단역은 없고 대부분이 주연이었다. 목소리도 얼굴 못지 않게 주연과 조연의 차이는 컸다. 그 때문에 어려서부터 사회의 쓴맛을 하나도 빼놓지 않고 맛보아야 했고 주위의 시기와 질투는 생활의 궁핍함 못지 않게 어린 순원이를 괴롭혔다. 결혼을 하고 나서도 그렇게 생활은 점점 꼬이기만 했다. 아들은 시름시름 앓아 김 권사를 위태롭게 만들더니 얼마 안되어 김 권사 자신이 병명도 알 수 없는 병을 혹독하게 치렀다.

눈이 흉할 정도로 튀어나오고 한 달만에 몸무게가 13킬로그램이나 줄었다. 손, 발이 부들부들 떨리고 일어서지 못할 정도로 온몸의 중심을 잃었다. 여기저기 안가 본 병원이 없을 정도로 온 병원을 휘젓고 다녔지만 결국 하나님은 스스로 치시고 스스로 낫게 하셨다. 27년만에 다시 찾은 하나님, 김 권사에게 눈물은 쉴새없이 끊이질 않았다. 광야에서 40년간 연단과 훈련을 받았던 모세처럼 하나님은 그렇게 어릴때부터 김 권사에게 훈련과 연단을 시키셨건만 정작 당사자는 몰랐다.

방송국 안에서 교회 다니는 후배를 핍박하는 선배로 명성이 높았다. 다들 김 권사만 나타나면 슬슬 피하기 시작했다. 방송 생활 42년이라는 세월동안 후배를 수없이 거느린 터였다. 그런 대선배가 일순간 변하더니, 후배들의 기쁨과 아픔을 자신의 일처럼 받아들이고 기도하는 것이다. 그러기를 시작하더니 성우 신우회 부회장직을 3년, 거기다 지금은 회장직을 맡고 있는 상황이다. 다들 기적이라고 말한다. 매주 화요일 신우회 성경공부를 3년동안 하루도 거르지 않고 김권사의 집에서 할 정도로 신우회에 대한 남다른 애착을 갖고 있다.

■ "기적과 성과물은 바로 접니다."

성우는 자유업이다. 3개 방송사에게 활동하는 성우는 대략 4백여명, 이중 기독인이 1백 20명이지만 신우회 회원은 20명에 불과하다. 신우회가 탄생한지 올해로 9년째 동료 연기자들의 전도가 최우선 목표임을 표방하고 오는 11월 셋째주를 '디데이'로 잡고 있다. '성우들의 전도 집회 천국 잔치'. 안믿는 이들과 더불어 회원 확보에 주력할 예정이다. 방송국이 전도의 황금어장이라는 것은 두 말할 필요도 없다.

60이 다된 젊은 할머니는 중등부 교사를 아주 열심히 하고 있다. 직접 호흡하고 만나는 한국교회 청소년들에게 김 권사는 이것저것 쏟아부어야 할 것이 많다. 아직까지 많은 교회들이 교육부서에 투자하는 예산은 터무니없이 낮은 상황이다. 방송국도 마찬가지다. 쇼프로에 쏟아붓는 예산은 엄청난데도 정작 어린이 프로에는 인색하기 그지 없는 실정이라고.

"아무리 울창하고 수려한 나무라도 밑동이 썩기 시작하면 그 나무의 생명은 끝입니다. 사회도 교회도 마찬가지입니다. 화려한 외모를 자랑하는 교회도 저 밑동, 그러니까 튼튼해야 할 어린이들이 병들고 있다면 무슨 미래를 바라보겠습니까"

이야기 성경 테이프를 제작하는 이유도 꿈과 소망을 심어 주어야겠다는 데서 출발한다. '할머니가 들려주는 이야기 성경'의 반응이 어떨지는 두고 볼 일이다. 그러나 확신할 수 있는 건 절대로 썩지 않을 밑동만큼은 키워 낼 수 있다는 것.

청소년 문화사업에 본격적인 포부를 밝히는 김 권사는 내년에는 신학을 공부할 계획 또한 세워놓고 있다.

여느 젊은이 못지 않게 당찬 포부로 방송국을 들어서는 김권사는 곧 녹음하게될 'TV유치원 하나, 둘, 셋'의 꼬마 인형으로 되돌아 간다. 마음이 여려지는 순간이다. 항상 김 권사에겐 같은 마음이다.

비전을 품은 사람들

"장소와 시간, 구애받지 마세요"

'교회 성가대 자동…' 개발 김치경 집사

성가대 대원으로 20년을 봉사한 대웅정보시스템 대표(김치경·42·용두동 애일교회) 집사. 평생 성가대 자리를 지키리라고 다짐하는 그에게 있어서는 항상 안타까움이 있다. 성가대의 사명은 '설교 말씀을 뒷받침하고 성도들에게 깊은 감동을 줄 수 있어야 한다'는 그의 신념이 도통 먹혀 들어가지 않기 때문이다.

장엄한 성가, 아름다운 성가를 위해 당연히 투자되어야 하는 것은 연습.. 충실한 성가연습이 전제되어야 하지만 현대를 살아가는 현대의 크리스천들에게는 무척 성가신 요구가 되기 때문이다. 만족할 만한 찬양은 그럼 매번 좌절되어야 하는가 하는 물음이 꼬리를 물었다.

답답함을 풀길 없어 매주 토요일 오후를 혼자만의 성가연습 시간으로 뿌리내린지 어느덧 20년. 역시 혼자 연습한들 모든건 역부족이었다. 화음이 되질 않는 것이다. 도대체 연습은 해오는 건지, 안되겠다 싶어 본격적으로 팔을 걷었다. 컴퓨터를 전공한 그이가 아이디어를 내놓은 것이 '교회성가대 전화자동응답서비스(ARS)'. 전화를 통해 찬양연습을 할 수 있는 꽤 '괜찮은' 물건을 선보였다.

■ '교회성가대 전화자동응답서비스(ARS) 개발'

  1억원 정도의 거금이 투입되는 ARS사업을 겁없이 해 놓고
보니, 그 답답함이 조금은 풀렸다는 그이는 한달 전부터 가동
된 이 시스템으로 싱글벙글 이다. 올초 성가대 대장을 맡으면
서 남다른 욕심이 생겼다. 좀더 은혜롭고 감동적인 상가합창을
위해 연습을 강행해 보지만 언제나 역부족. 효과적인 성가연습
방법을 찾다 '탁'하고 떠오른 것이다.

  "이 서비스는 주일찬양이나 그외 부활절 크리스마스 등 특별
찬양을 부를 때 성가곡의 음을 피아노로 녹음해 두고 전화를
통해 각 파트별로 연습할 수 있게 제작되었습니다. 연습 시간
에 쫓기고 장소 등에 구애받지 않고 언제 어디서나 사용할 수
있는 시스템이지요"

  이 서비스는 성가대 단위로 가입을 하고, 교회 코드를 배정
받은 다음 찬양할 악보를 미리 보내 녹음만 하면 누구나 이용
할 수 있다.
  대기업에서 다년간 쌓은 컴퓨터 분야는 그에게 충분한 밑거
름이 되었다. 2년전 대웅정보시스템이라는 개인 사업체를 갖
게 된 뒤부터는 컴퓨터 프로그램 개발에 더욱 박차를 가하는
중이다. 기본적인 골격을 세운 뒤 ARS전문업체에 의뢰해서
완성되었지만, 정작 그이의 집안에는 온통 자동응답서비스로
분주하다.
  방 하나를 스튜디오로 탈바꿈시켰다. 각 성가대의 악보를 미

비전을 품은 사람들

리 받는 곳은 다름 아닌 그이의 가정 녹음실. 악보는 그의 아내 손에서 다듬어진다.

"성가대의 곡이 팩스로 들어오면 아내는 각 파트별로 피아노를 치면서 테이프에 녹음시킵니다. 녹음된 테이프를 다시 전문 업체에 보내는 것이지요."

온 가족이 여기에 흠뻑 몰입되어 버렸다. 한 군데라도 틀리면 다시 녹음을 하는 아내는 남편이 저질러(?) 논 일로 인해 무척 분주해졌다. 이런 서비스를 무작정 할 수 있는 그 뒷배경에는 피아노를 전공한 아내의 공이 크다.

피아노 반주해 줄 사람 구하고, 별도의 시스템을 따로 설치하려 했다면 그 경비는 만만치 않았을 것이다. 회사를 활용하고 집을 활용하니 예상보다 많은 경비가 줄어든 셈이다.

월간 이용료는 8만원. 여기에는 깊은 사연이 존재한다. 대략 경비를 충당해서 예산을 짜보니 14만원은 받아야 이윤이 조금 남는다. 처음 시작하고 얼마 있자니 반응은 즉각적으로 나타났고 현재 사용하는 교회가 10교회를 훌쩍 넘어 나날이 늘어가고 있다. 이 서비스로 돈을 벌어야겠다는 생각은 전혀 없다. 그런데 한, 두 교회가 늘어가니 이윤이 손에 잡히는 것이다. 이 서비스로 잘못하면 돈벌이가 되겠더라는 것. 당치도 않는다는 생각에 당장 사용료를 기본적인 유지비만을 생각하고 8만원으로 확 내렸다.

■ 온 식구가 자동응답서비스에 매달려

철저하게 사전 조사도 아끼지 않았다. 교회성가대 자동응답
서비스 제작에 앞서 17개 교회의 성가대원들을 대상으로 설문
조사를 했다. 공통적인 애로사항은 역시 연습부족. 피아노가 가
정에 있어도 반주를 하면서 연습할 시간이 없더라는 것이다.

점심식사 후, 밤늦은 시간, 토요일 오후 언제든 자신 있게 목
소리를 내라는 그이. 토요일 오후 아내를 매번 귀찮게 했던 그
이도 이젠 자동응답서비스의 열렬한 팬이다.

자신 있는 성가대원 각자의 목소리에 행복하다. 날로 변하고
있는 모습에 그이 역시 자신감을 얻었다. 시작은 주저주저 자
신이 없었는데 반응이 괜찮으니 무척 힘이 생긴다. 안타까움이
다시 있다면 이 서비스는 서울·경기지역에만 한정되어 있다.
그래서 문의가 들어온다. 전국적으로 할 수는 없는 것인지.

"아직은 힘든 부분입니다. 그렇지만 각 지역에 뜻있는 누군가
가 이 사업에 동참하길 원한다면 아낌없는 도움을 드리겠습니
다. 많은 분들의 참여가 있겠다면 좋겠는데요."

아쉬운 점은 만만치 않은 설치비가 걱정되는 건 사실이다. 이
용 방법은 간단하다. '564-1203'으로 전화를 건 뒤 입력된 교회
번호와 파트별 번호를 누르면 된다.

은혜롭고 감동적인 성가합창을 원하는 이에게 참 반가운 소
식이다.

연락처 (02)3452-9904, 764-7396.

비전을 품은 사람들

기독교인의 안일한 문화생활 고발

김점옥 목사 <그리스도인의 세상엿보기>

오히려 지금 시대는 무엇보다도 우리가 그리스도인으로 살아 남는 것이 중요한 시대이다. 또한 우리는 여기에서 견딜 만한 세상을 원하는 것이지 결코 완전한 세상을 원하는 것은 아니다. 이것은 체념이 아니라 오히려 성경의 메시지이다. 지금 시대의 문화는 우리 그리스도인이 완전히 기독교적으로 고치기가 현실적으로 불가능하다. TV의 프로그램 모두가 기독교적으로 편성되기를 기대하는 것은 불가능하다. 다만 우리가 할 수 있는 것은 개인의 신앙적인 양심에 의해 채널을 지혜롭게 선택하는 것뿐이다. 우리가 비록 과잉 문화의 강요 속에 살고 있지만 그곳에서도 피할 길이 없음을 알아야 한다.

만약 우리가 이러한 사회 속에서 실패한다면 그것은 부도덕한 사회 때문이라기보다는 오히려 개인의 신앙문제 때문인 것을 인식해야 한다.

김점옥 목사 著 <그리스도인의 세상엿보가> 中에서

세상을 사랑하지 말라는 이야기는 지겹도록 들어왔지만 '어떻게(How)'에 대해서는 별로 배운 것이 없다. 이것이 현대 그리스도인의 고민이다.

그리스도인의 문화세상을 진단하며 심각한 상황임을 일깨워

주는 책. 김점옥 목사(35·창신교회)의 <그리스도인의 세상엿
보기>(기독신보사). 현대 문화 속에 방황하는 그리스도인의 자
화상을 고발하며 진단한 책이다.

"교회가 주체세력으로 크리스천 문화의 길잡이가 되어야 합
니다. 그러나 문화와 신앙을 분리하는 이원론적 사고와 문화
속에 침투된 불순물을 거르지 않음으로 인하여 한국교회 그리
스도인의 문화생활은 엉망이라 할 수 있습니다."

결코 문화와 신앙은 분리되어 생각해서는 안된다고 그는 힘
주어 말한다.
이 책을 통해 그는 개혁의 필요성을 인식하면서도 구체적 대
안을 제시하지 못하는 현실주의에 빠진 그리스도인들을 향하
여 절규하며 부르짖는다. 현대 기독교가 가장 고민해야 할 대
상은 혐오스러운 이단이나 박해가 아니라 너무 매력적이고 아
름답게 보이는 세속문화라고. 서구 기독교의 실패 원인이 박해
보다는 기독교의 문화가 희석되어 그 자체가 붕괴되었음을 이
책 곳곳에서 주지시킨다. 또 문화라는 용어의 남용은 어린아이
에게 면도칼을 쥐어 주는 것과 피차일반임을 지적.

"학벌과 출세를 우선으로 하는 요즘 세대의 부모들로 인하여
한국교회의 역사가 건전하지 못합니다. 출세하지 못한다고 해
서, 학벌이 없다고 해서 세상을 포기하는 사람들이 많습니다.
문화에 대한 신앙적 가치의 정립이 중요한 시기입니다."

비전을 품은 사람들

　　이제 그리스도인은 세상문화를 다스리고 길들이는 방법을 배워야 한다. 김 목사는 만약 문화의 고삐가 풀리는 날에는 얼마든지 신앙의 깃발을 세워 놓고 철저한 세상주의자가 될 수 있음을 역설한다.

　　21세기 그리스도인에게 가장 무서운 것은 무엇인가? 그것은 우리의 주변에 항상 함께 하는 문화의 화려함이라고. 지금 적 그리스도는 문화의 옷을 입고 굶주린 이리처럼 노략질한 양들을 찾고 있다. 그런 그리스도인들을 향하여 이 책은 더도 덜도 아닌 지금 우리 사회에서 일어나는 모습을 거침없이 서술한다.

　　한국교회 그리스도인들은 마구잡이식 신앙생활로 정평이 나 있다. 좀 혹독하게 들릴지 모르지만 원리도, 원칙도, 체계도 없다. 신앙생활의 승리는 결코 우연의 산물이 아니라 힘든 훈련과 연습의 결과에서 얻어진다.

　　창세기의 아담으로부터 최근의 삼풍백화점 회장에 이르기까지 잘못된 문화생활로 인하여 하나님 앞에 범죄하게 된 그리스도인의 문화생활을 이야기하는 <그리스도인의 세상엿보기>. 이 책의 구구절절한 헤프닝과 실패담을 통해 그리스도인의 자화상을 본다.

　　"다만 바라고 싶은 것은 우리 그리스도인이 주어진 위치에서 그리스도인다운 생활을 하면 됩니다. 그렇게 된다면 모든 것이 가능합니다. 유혹하려는 모든 것들로부터 과감하게 물러날 수 있습니다."

기독교인의 안일한 문화생활 고발

입술의 열매 1

약(藥)이 되는 말

입술의 열매는 참으로 크다.
불과 몇 초 사이에 나가버린 입술의 한 마디가 몇 십년의 세월을 두고 한 영혼을 멍들게 할 수도 있고 절망으로 내려가는 영혼을 소망의 언덕을 향해 달려가게 할 수도 있다.
"주 예수여, 당신의 나라에 임할 때 나를 기억하소서!"
이 한 마디로 강도도 낙원에 이르지 아니했는가!
이 책은 이런 의미에서 우리의 입술의 열매들을 풍성히 해 줄 언어들이 많음을 가르쳐 주고 있다.
이제 작은 말 한 마디로 세상을 살려보자.

꿈이 많은 사람 지음 / 214쪽 / 5,000원

입술의 열매 2

독(毒)이 되는 말

사람은 한평생 몇 마디의 말을 할까? 아마도 수억 번의 말을 할 것이다. 이렇게 많이 휘두른 말에 맞아 몇 명이 경상을 입고, 몇 명이 중상을 입고, 몇 명이 죽었을까?

이 책은 입술을 타고 흘러나오는 열매 중에서 독(毒)과 같은 열매들을 모았다. 우리들이 알게 모르게 휘둘렀던 말들 가운데 이러한 독소들이 들어있다면 이제 하나씩 제거하자.
이 책은 독을 약으로 바꾸는 좋은 길잡이가 될 것이다.
주둥이를 닫고 입술을 열자

꿈이 많은 사람 지음 / 214쪽 / 5,000원

여성이여, 사랑하고 행복하여라

양장본 / 정지홍 엮음 / 5,000원

하나님께서는 세상의 모든 피조물 중에서 여성을 가장 아름답게 만드셨다.
여성은 대자연 속에 있는 모든 꽃들의 인간화(人間化)이며 결집체이다.
그 어떤 남자도 자신이 사랑하는 여성에게 '그대는 신성하다'라고 속삭이는 것 이상의 진실을 말할 수는 없다. 여성은 미래의 삶에서 우리에게 주어진 하나님의 모상이며 그 불꽃이다.
그래서 여성은 신성하다. 하나님께서는 여성에게 많은 것을 주셨기에
그녀에게 많은 것을 기대하시며, 다른 그 어떤 피조물에게보다도 더 많은 것을 요구하신다.
그래서 여성은 남자의 반려자가 되는 동시에 그의 자녀들의 어머니가 된다.

우리의 어려운 시대는 강한 정신력과 따뜻한 가슴을 가진 남자,
기꺼이 섬기는 손을 가진 남자, 용기와 깨끗한 마음과 높은 목표를 가진 남자,
기쁨으로 일하는 남자, 큰 책임을 두려워 않고 직무에 몸을 바칠 수 있고,
봉사의 삶에 노력하고, 그 일을 추구하는데 자신을 헌신할 수 있는 남자가 필요하다.
우리는 일출이나 일몰을 감상하기도 하고, 유약함과 수줍음을 싫어하는 남자를 필요로 한다.
동정심이 있고, 사랑할 능력을 배워 나가는 남자를 필요로 한다.

남성이여, 지혜롭고 현명하여라

양장본 / 정지홍 엮음 / 5,000원

비전을 품은 사람들

지은이 ▪ 박 은 영   펴낸이 ▪ 정지홍
처음찍은날 ▪ 1997. 1. 15.   처음 펴낸날 ▪ 1997. 1. 20.
펴낸곳 ▪ 하늘사다리 (등록번호 제 21-630호, 1994. 8. 11.)
          서울특별시 은평구 녹번동 100-39   전화 / 352-1018 팩시밀리 / 383-9484
총판처 ▪ (주)기독교출판유통   Tel.0344-906-9161~4 Fax.080-456-2580